자신을
경영하라

자신을 경영하라
: 위기의 시대를 건너는 자기경영의 지혜

ⓒ 2010, 김승용

1판 1쇄 | 2010년 1월 29일 펴냄

지은이 | 김승용

편집 | 김윤곤
교정 | 유지나
디자인 | 조세준
마케팅 | 정복순
관리 | 안상희

펴낸이 | 박영철
펴낸곳 | 오늘의책
출판등록 | 제10-1293호(1996년 5월 25일)
주소 | 121-839 서울시 마포구 서교동 377-26번지 1층
전화 | 02-322-4595~6
팩스 | 02-322-4597
이메일 | tobooks@naver.com

ISBN 978-89-7718-312-4 03320

· 책값은 뒤표지에 있습니다.
· 이 저작물의 내용을 쓰고자 할 때는 저작권자와 오늘의책의 허락을 받아야 합니다.
· 잘못 만들어진 책은 구입하신 서점에서 바꿔드립니다.

Self-Management
위기의 시대를 건너는 자기경영의 지혜

자신을 경영하라

김승용 지음

머리말

지금은 자신의 마음에 혁명을 일으켜야 하는 시대다. 특히, 젊은 2030세대들은 일, 자기 자신, 장애물, 성장, 매력을 깊이 있게 생각하고 쌓아가야 할 때이다.

이제 평생 다닐 수 있는 '직장'은 없고 평생 할 수 있는 '직업'만이 자신들을 살릴 수 있는 유일한 무기라고 믿는 사람들이 늘고 있다. 이를 증명이라도 하듯 대기업을 비롯한 중견 중소기업, 벤처기업, 금융증권, 정보통신, 서비스업, 대학에 이르기까지 사회 전반에서 구조조정이 빠르게 진행돼 직장에 다니고 있어도 불안한 시대이다. 또한 이와 병행하여 기업과 시장은 가격, 조직, 직위, 연령, 성별 등의 벽을 무너뜨려 치열한 경쟁을 벌이고 있기 때문에 한 치 앞을 내다보기가 어려운 세상이다. 지금 직장인들은 기업 구조조정의 회오리 속에서 살아남는 것에 급급한 나머지 자기계발에 신경 쓸 여유가 없다고 말한다. 그러나 이럴 때 일수록 변해야 생존할 수 있다. 위기를 잘 관리해야 자기 경영도 가능해진다.

얼마 전 윤종용 삼성전자 부회장은 그룹 간부들을 대상으로 한 강연에서 이 시대가 요구하는 인재상의 조건으로 급격히 변화하는 디지털시대의 환경 적응력, 전문 능력과 일반 능력의 조화, 변화에 대응하는 도전정신, 외국

어 능력, 타문화 적응력 등을 강조하기도 했다.

이런 시대에는 자신에 대한 투자를 아끼지 말고 자신의 시장 가치를 높여 어떤 상황에서도 생존할 수 있는 남들과 차별화된 능력을 갖춰야 한다. 기업들은 끊임없이 조직파괴를 단행하여 수익성 위주의 경영전략을 추진할 것이다. 따라서 성공적인 자기 경영을 위해 전문적인 능력으로 자신을 차별화하고 지식·정보기술을 무기로 시대의 변화를 간파하는 사람만이 생존의 정글 속에서 도태되지 않고 살아남을 수 있다.

어떤 일이든 출발이 늦어지면 경쟁에서 뒤처질 수밖에 없다. 그것을 만회하려면 몇 배 이상의 노력이 필요하다. 또한 지금의 비즈니스 성격에 맞도록 자신의 스타일도 바꿔야 한다. 누구든 특정 분야에서 성공하려면 일단 그 일에 미쳐서 끊임없이 정보를 수집하고 자신을 업그레이드해야 한다. 자신의 살 길이 이 길밖에 없다는 굳은 결심과 단호한 결단을 가지고 매진하면 무엇이든 안 되겠는가.

지금 세계는 글로벌 비즈니스가 본격화되고 경제위기로 인해 하루에도 수십만 명의 실업자를 토해내고 있다. 그러나 정작 기업들은 우수한 인재는 구하기 어렵다고 말한다. 꼭 필요한 사람, 이 사람이 아니고는 그 일을 처리할 수 없는 그런 인물이 본인임을 증명해야 한다.

보통 무능한 사람들은 자신이 그 일을 어떻게 하느냐고 회피하기에 급급하다. 그들은 항상 "나는 못할 것 같아"라고 한탄하면서 자신을 계발하지 않는 게으른 사람들이다. 나는 성공으로 가는 네 가지 지름길이 있다는 점을 강조하고 싶다.

첫째, 지금 자신은 무엇을 할 수 있고 무엇을 알고 있는지를 분석해보자. 자신의 잠재력을 파악하는 일은 자신의 미래를 창조하는 열쇠가 된다.

둘째, 자신만의 노하우를 쌓자. 자신의 업무가 영업이라면 영업에서 1등이 될 수 있는 전략을 짜야 한다. 발로 뛰고 머리로 생각하면서 끈기 있게 도전해야 한다.

셋째, 정보를 확보하라. 업무를 수행하는데 필요한 정보가 어디에 있는지, 그 정보는 어떻게 수집할 것인지, 또한 그 정보를 어떻게 활용할 것인지를 정확히 파악해야 한다.

넷째, 적재적소에 배치하라. 누구에게 맡겨야 그 일이 가장 효과적으로 진행될 수 있는지를 고려하여 인재를 배치해야 한다. 진정한 프로는 자신의 연봉을 자신 있게 받을 수 있도록 하는 인적 부가가치를 쌓아야 한다. 이

자신을
경영하라
Self-Management

는 곧 자신의 능력으로 어느 정도의 인적 부가가치를 창조하여 기여할 수 있는가에 달려 있다.

그럼, 당신은 과연 어떤 방법으로 자신의 몸값을 올릴 것인가?

일본의 유명한 경영 컨설턴트인 오마에는 "샐러리맨으로 성공하기를 원한다면 적어도 30대 초반까지 세 번의 실패를 경험할 필요가 있다"고 말하고 있다. 그 이유로 실패한 경험이 없는 남자는 자신의 생각에 대한 믿음이 강한 나머지 발상의 전환과 변화가 매우 어렵기 때문이라고 강조한다. 그는 실패란 부끄러운 것이 아니며 어차피 겪어야 할 일이라면 다시금 시작할 수 있는 젊은 나이에 실패하는 것이 낫다고 말하고 있다.

또, 일본 도쿄대학 교수이며 이학박사인 다케우치 교수는 『인생을 최고로 살아가는 나의 방법』이란 저서에서 "젊은이여! 도전을 계속하라! 그리고 최고의 인생을 창조하라!"고 강조하고 있다. 그는 자신의 능력을 최대한 발휘하기 위해서는 첫째로 모든 분야에 호기심을 가져야 하며, 둘째로 자신을 망치는 고정관념을 버리라고 말하고 있다. 셋째로 자신의 얼굴에 자신감을 갖고 있는지를 스스로에게 묻도록 하고, 넷째로는 시간을 제압하는 사람에게 불가능이 없다고 말한다. 그리고 마지막으로 변명하지 말고 가능한 도전을 계속하여 최고의 인생을 만들어 자신의 꿈을 성취하라고 당부하고 있다.

이제 기업을 선택할 수 있는 시대는 지났으며 누구에게나 '정말 좋은 회사'란 없다. 기업은 사원보다 경영주, 창업주, 주주를 위해 존재하는 것이다. 그러므로 자신이 수동적으로 근무하는 회사가 아닌, 자기의 마음에 드는 회사를 만들어야 한다.

무엇보다 항상 새로운 일에 도전해가는 자세가 중요하다. 주어진 일, 지시하는 일에만 묵묵히 임하는 직장인은 분명히 가까운 시일 내에 잘릴 것이다. 앞뒤좌우를 살피면서 자신의 부가가치와 전문 분야를 다지면서 창조해야 한다. 그래야 창조적인 문제의식이 생기고 자기 경영이 잘되며 위기관리력이 높아지게 된다.

지금은 수난시대이다. 저성장기의 복합 불황기에는 사회와 시장에서 인력과 상품이 넘쳐나게 된다. 과포화 상태가 되는 것이다. 이 시기에는 값어치 있는 상품만 팔리게 된다. 이제 성공적으로 살아갈 자기경영의 지혜가 필요한 시대이다. 이 책은 현직에 몸담고 있는 직장인들은 물론이거니와 대학을 갓 졸업하고 사회에 진출하려는 사회 초년생, 그리고 젊은 중간관

리자, 간부 리더들을 위한 자기계발서이자 위기관리서이다. 부디 독자 여러분의 유익한 자기 경영, 자기 관리, 위기관리에 많은 도움이 되었으면 하는 바람이다.

끝으로 본 저서를 출간하게끔 배려해주신 오늘의책 박영권 사장님께 감사드린다.

2010년 1월

김승용

머리말 ● 4

지금 자기 자신에게 해야 할 일 ……… 15

나를 발견하라 ● 위기를 관리하는 자에겐 기회다 ● 위기는 능력을 업그레이드할 기회다 ● 프로페셔널한 남자가 되라 ● 정신무장은 위대한 자산이다 ● 프로만이 살아남는다 ● 20대여! 기본을 확실히 배워라 ● 30대여! 실력을 쌓아라 ● 자신만의 성공 프로그램을 짜라 ● 자신만의 전문 분야를 가져라 ● 빌 게이츠에게 배워라 ● 성공은 여행이다

조직이란 무엇인가 ……… 53

조직에서 일해야 성공한다 ● 조직에선 열정이 중요하다 ● 조직은 보고가 생명이다 ● 책임지는 자세가 중요하다 ● 타이밍을 잘 맞추고 있는가 ● 조직에 적응하는 자세 ● 엉덩이가 무거우면 실패한다 ● 조직에서 권한은 창조하는 것이다 ● 일에 대해 책임지는 사람이란 ● 일을 통해 성과를 올려라

도전이란 무엇인가 81

성공에는 도전이 있다 ● 역경을 이겨내는 돌파력 ● 세상을 보는 지혜가 필요하다 ● 과거의 성공에 얽매이지 마라 ● 전문화에서 파워가 생긴다 ● 도전으로 성취한 성공을 체험하라 ● 선견력과 행동력이 성공을 부른다 ● 열정과 도전정신이 중요하다 ● 끈기 있게 약점을 극복하라

인간관계란 무엇인가 113

좋은 인간관계는 어떻게 만드는가 ● 신뢰 없이는 아무것도 할 수 없다 ● 윗사람과의 인간관계는 이렇게 한다 ● 아랫사람과의 인간관계는 이렇게 한다 ● 직장의 후배 사원과의 인간관계 ● 상사들의 부하 지도 요령 ● 자신의 매력을 개발하라 ● 겸손은 최대의 미덕이다 ● 인맥을 잘 관리하라 ● 커뮤니케이션 능력을 높여라 ● 커뮤니케이션 테크닉

Chapter 05 정보란 무엇인가 ················ 149

정보가 핵심이다 ● 외국 지역전문가가 인기다 ● 글로벌 정보가 비즈니스를 창조한다 ● 정보 커뮤니케이션 능력이 중요하다 ● 남과 어울리기 싫어하면 정보는 멀어진다 ● 정보는 힘이다 ● 어떤 사람이 미움을 받는가 ● 정보는 속도가 생명이다 ● 커뮤니케이션의 벽, 정보를 차단한다 ● 뛰어난 정보 전달 능력이 성공을 부른다

Chapter 06 돈이란 무엇인가 ················ 185

돈 버는 능력이 중요하다 ● 이제는 글로벌 비즈니스가 돈이다 ● 빌린 돈을 떼어먹어선 안 된다 ● 고수익을 얻을 수 있는 투자라는 유혹 ● 감사해 하지 않는 사람에게는 돈을 빌려주지 말라 ● 금전 감각이 있는 사람은 신용카드가 유리하다 ● 수입보다 많은 지출은 파산을 초래한다 ● 지불 기일을 준수하는 사람은 신용을 얻는다 ● 재테크의 고정관념을 버려라 ● 돈 버는 5가지 비밀

가정이란 무엇인가 213

인생의 절반은 남편이자 아내이다 ● 함께 가꿔가는 결혼 생활 ● 자녀의 탄생, 새로운 인생 체험 ● 어떻게 좋은 아빠가 될 것인가 ● 다음 세대를 창조하는 자녀 교육 ● 가정의 행복이 건강한 사회를 만든다 ● 어떻게 행복한 가정을 만드는가 ● 가정 경영을 어떻게 할 것인가 ● 가정의 행복은 부부가 창조하는 것 ● 건강한 가정, 풍요로운 중년 ● 남자 40대는 성공을 거두는 나이

자기계발이란 무엇인가 257

자기계발은 스스로 해야 성공한다 ● 직장인의 자기계발은 생존이다 ● 유머감각도 자기계발이다 ● 위기의식이 자기계발을 촉진한다 ● 자기계발은 자신을 새롭게 만든다 ● CEO의 안목을 키워라 ● 자기소개서를 차별화하라 ● 지혜를 모으는 회의를 하라 ● 화사는 인재의 기준을 어떻게 보는가 ● 자기경영, 자기계발을 차별화하라 ● 자기계발은 성공의 지름길이다 ● 시간 활용을 잘해야 자기계발에 성공한다

Chapter 01

지금 자기 자신에게 해야 할 일

나를 발견하라 ● 위기를 관리하는 자에겐 기회다 ● 위기는 능력을 업그레이드할 기회다 ● 프로페셔널한 남자가 되라 ● 정신무장은 위대한 자산이다 ● 프로만이 살아남는다 ● 20대여! 기본을 확실히 배워라 ● 30대여! 실력을 쌓아라 ● 자신만의 성공 프로그램을 짜라 ● 자신만의 전문 분야를 가져라 ● 빌 게이츠에게 배워라 ● 성공은 여행이다

자신을
경영하라
Self-Management

나를 발견하라

세계적인 대문호 괴테는 이렇게 말했다. "남자는 세계가 자신이지만 여자는 자신이 세계이다" 또한 "세상일을 아는 것보다도 먼저 자기 자신을 아는 것이 중요하고 어렵다"고 강조하고 있다. 맞는 말이다. 이는 우리 인간에게 있어 영원한 테마라고 할 수 있다. 이 세상에 우리 인간만큼 흥미로운 대상은 없다. 때문에 어떻게 해서든 이해하려고 노력한다.

우리들은 어느 길로든 갈 수 있으나 어디로 가든지 분명히 그곳에 자기 자신이 있다는 것은 변함이 없다. 인간은 자신으로부터 탈출할 수는 없다. 만약 무리하게 탈출한다면 거기에는 인생의 낙오만이 있을 뿐이다.

우리 인간에게는 피할 수 없는 4가지 문제가 있다. 그것은 '태어난다. 먹는다. 잔다. 죽는다'이다. 태어나고 죽는 것은 스스로 어떻게 할 수 없다. 하지만 보다 잘 자거나 잘 먹기 위해 다양한 문명과 문화를 발달시켜 왔다.

이 세상에서 가장 중요한 것은 '나'라는 존재이다. 내가 있기 때문에 모든 것이 존재하는 것이다. 이 점을 잘 알지 못한다면 불안정하게 살아갈 수밖에 없을 것이다.

그럼 지혜로운 인생을 살아가는 사람은 어떤 타입인가.

행복하려고 노력하는 사람이다. 누구든 행복해지려고 노력하고 있을 때가 가장 행복하다고 말할 수 있다. 누구나 꿈을 갖고 있다. 미래에 대한 어떤 희망을 가지고 그것을 위해 삶을 살고 있다. 따라서 그 꿈과 기대가 어느 정도까지 달성되는가에 따라 인생에 대한 보람과 긍지, 그리고 만족을 느끼게 된다. 또한 언제나 욕망을 추구하는 한편 불만과 질투를 느끼며 살아간다. 이런 점에서 우리는 항상 두 가지 유형의 얼굴을 갖고 있다. 하나는 현재의 얼굴이고, 또 하나는 앞으로 그렇게 되고자 하는 미래의 얼굴이다. 비극이나 슬픔, 불만, 질투에 휩싸인 채 생활하고 싶어 하는 사람은 아무도 없다. 실패자가 되기 싫은 것 역시 본능이다.

그렇다면, 실패하지 않기 위해서는 과연 어떻게 해야 하는가? 또한 실패하지 않는 직장인, 샐러리맨이 되기 위해 염두에 두어야 할 점은 무엇인가?

우선 자기 자신을 계발할 수 있는 목표를 명확히 설정하는 것이 가장 중요하다. 일반적으로 "현재 당신의 인생 목표는 무엇인가, 어떠한 인생관 또는 직업관을 갖고 있는가, 또한 그것을 위해 어떻게 노력하고 있는가?"라고 묻게 되면 목표의 크고 작음을 막론하고 정확하고 자신 있게 대답하는 사람이 드물다. 그리고 많은 이들이 변화의 필요성을 느끼면서도 변화는 자신과는 상관없는 귀찮고 어려운 일로 생각한다. 좋은 게 좋은 거라는 매우 위험하고 안일한 생각에 스스로 지배당하고 있기 때문이다. 그러나 지금은 변화의 바람이 거센 시대다. "변해야 산다"는 말처럼 변화는 이제 생존의 문제다. 과거의 잘못된 습관을 치유하지 않고서는 하루가 다르게 급속히 변화하는 시대의 흐름을 따라잡을 수 없다. 실패를 두려워하지 말고, 낡은 것은 주저 없이 포기할 줄 알며, 방법을 전환해야 생존할 수 있다. 지금이 바로 변해야 할 때다. 내가 바뀌면 모든 게 바뀐다. 잠시라도 나만의 시간을 가지고 이 어려운 시기에 나 스스로 바꿔야 할 것이 무엇인지 작은 것부터 생각해보도록 하자.

대부분의 사람들은 성공한 인생을 누리고 싶어 한다. 그럼, 성공이란 무엇인가?

예로 회사에 입사한 후 순조롭게 승진, 출세하여 중역이나 사장까지 오른다는 것은 분명히 성공의 한 가지 방법일 것이다. 그러나 대기업이든 중견기업이든 사장까지 되는 확률은 그리 높지 않을 뿐만 아니라 그 책임의 막중함 때문에 사장이라는 자리가 반드시 인기 있는 직업만은 아니라는 의견도 많다. 또한 높은 소득을 얻고 화려한 저택에서 살며 호화별장과 고급승용차를 굴리며 해외여행, 골프 등의 취미생활을 만끽하면서 생활하는 것은 많은 사람들의 희망이며, 이 또한 성공한 인생이라고 해석할 수 있을 것이다.

그러나 이러한 물질적인 성공 외에 정신적인 성공을 지향하는 경우도 많다. 예컨대 직장에서 본인이 희망하는 지위를 얻거나 큰 책임을 떠맡아 그 일을 성공적으로 달성했을 때의 성취감이나 인재를 육성하여 정예화시킴으로써 맛볼 수 있는 성취감도 성공의 한 단면이라고 말 할 수 있다. 이런 점에서 성공이란 물질적인 성공이든 정신적인 성공이든 그것이 일시적이 아닌 인생을 통하여 계속적으로 풍요롭고 충실한 생활을 보장해줄 수 있는가의 여부에 달려 있다고 할 수 있다.

위기를 관리하는 자에겐 기회다

우리는 경제 불황으로 어려운 시대를 맞아 진정한

의미의 개인 위기관리가 필요한 시점에 있다. 흔히 위기관리라고 하면 대부분이 국가나 기업 경영의 문제이지 자신들의 문제는 아니라고 말하는 사람이 많은데 그것은 잘못된 생각이다. 위기관리란 국가나 기업에서부터 가정·개인에 이르기까지 실로 다양한 계층의 모두에게 적용된다.

누구나 건강하게 오래 살기를 원한다. 그리고 자신이 하고 싶은 일을 하면서 보람을 느끼고 안정된 수입을 얻고자 하며 또한 사회나 타인에게 인정받는 인생을 누리고 싶어 한다. 그러나 실제로 그러한 삶을 살아가는 사람은 극히 드물다. 이렇듯 자신이 추구하고자 하는 인생에 조금이라도 근접하기 위해서는 어떻게 해야 하는가를 한번쯤 진지하게 생각해볼 필요가 있다.

일반적으로 '성공한 사람'이라든가 '유명인'들은 처음부터 유명하지 않았다. 그들도 그저 보통 사람에 지나지 않았다. 그러나 현재 그들은 타인과의 양호한 신뢰관계를 구축하면서 자신을 확립시켜 흔들림 없는 인생을 만들었다. 처음부터 그들이 순조로운 길을 걸어왔던 것은 아니다. 그들은 재난, 불운, 실패, 실의 등의 역경을 슬기롭게 극복해낸 '위기관리의 프로들'이라고 할 수 있다.

그럼 제일 먼저 해야 할 일은 무엇인가? 제일 먼저 해야 할 일을 나중으로 미룬다거나 두 번째로 미뤄서는 실패하기 십상이다. 제일 먼저 해야 할 일을 제일 먼저 해야 성과가 오른다. 성공하는 사람은 훌륭한 성과를 거둘 수 있는 두세 가지 분야에 역량을 집중시킨다. 그들은 첫 번째로 해야 할 일은 가장 먼저 하고 두 번째로 해야 할 일은 가능하면 전혀 하지 않아도 되도록 한다. 최대의 효과를 올리는 열쇠는 집중하느냐 그렇지 않느냐에 달려 있다. 죽어서도 하지 않으면 안 되는 것 이외에는 아무것도 해서는 안 된다. 그리고 시대에 뒤떨어지는 일도 해서는 안 된다. 예를 들어, 세계적인 화학 기업인 듀폰은 하나의 프로젝트에서 실패의 징후가 보일 때 이미 철수할 준비가 되어 있다. 이것이 듀폰의 성공 비결 중 하나이다. 또한 업계에서 뭔가 새로운 변화를 발견했을 경우 듀폰은 항상 선수를 치면서 선두를 달려왔다. 남보다 앞서 갈 수 있는 지혜를 찾는 것이 성공의 지름길이자 위기관리의 핵심이다.

위기는 능력을 업그레이드할 기회다

인생의 가치는 생애의 길고 짧음에 있지 않고 그 생애를 어떻게 활용하느냐에 있다. 오래 살아도 인생에서 아무것도 얻지 못하는 경우도 있다. 당신이 만족을 얻느냐 못 얻느냐는 몇 년을 살았느냐가 아니라 당신의 의지에 달려 있다고 철학자 몽테뉴는 말했다.

무슨 일을 하든지 생각대로 된다고는 할 수 없다. 따라서 선견지명을 갖고 앞으로 일어날지도 모르는 문제를 고려하면서 그에 대한 준비를 해야 한다. 어떤 일을 하다 보면 갑자기 위기에 빠지게 되는 경우가 있다. 그러나 대부분의 위기는 예측 가능한 것으로서 미리 그 대책을 강구할 수 있다.

직장에서 우수한 평가를 받는 사람은 위기를 느꼈을 때 곧바로 윗사람에게 위기를 보고한다. 그런데 위기를 감지했더라도 자신이 수단을 강구하는 입장에 놓여 있지 않다는 이유로 대응 조치가 취해질 때까지 우왕좌왕하는 경우가 흔하다. 유감스럽게도 대부분은 불길한 경고를 한두 번 작동시켜 볼 뿐, 아무런 대책도 세우지 않고 단지 손을 놓고 위기가 오는 것을 기다리고 있는 경우가 많다. 이것이야말로 한심한 대처다. 유능한 인재는 누군가 경고해주지 않아도 평소에 위기 대비를 잘해 온 사람이다. 예를 들어, 항상 위기관리 상태에 있으면서 속도경영을 계획하고 있는 기업에서는 매우 신속한 의사결정이 요구되므로 부하 직원에게 일을 맡길 여유도 없이 속전속결로 업무가 내려지는 경우가 많다. 이런 상황에서는 의사결정을 하기 전 실무진의 의견을 들을 여유조차 없다. 시간이 없는 것이다. 그렇기 때문에 항상 미래를 염두에 두고 검토하지 않으면 안 된다. 일상 업무에서부터 창조적인 전략으로 발상을 전환하고 부하 직원이 자신들의 능력과 기술을 발휘할 수 있도록 자율적인 환경을 창조해야 한다. 또 다른 예로, 공자는 자기 자신을 존중함과 같이 남을 존중하며 남이 자기 자신에게 해주기를 원하는 것을 남에게 해줄 수 있다면 그 사람은 사랑을 알고 있는 것이라고 강조했다.

이제 '자신을 위한 위기관리학'이 중요시되는 시대가 왔다. "세 살 버릇 여든까지 간다"는 속담이 있듯이 인간은 유아기인 3~4세 즈음에 성격의 기본적인 것이 대부분 형성된다고 한다. 우리 가운데 양친부모 밑에서 건강하게 태어난 사람이 있는가 하면, 사생아로 태어난 사람도 있다. 그리고 유치원, 초중고교 등을 거쳐 가정 내 폭력이나 학교 내 폭력 문제, 사춘기의 이성문제 등 청소년기를 둘러싼 문제도 수없이 많다. 다음으로는 대학입시가 있다. 그리고 대학을 졸업한 뒤 어느 회사에 취직하면 좋은가, 또는 독립하여 창업을 할 것인가 등의 직업 선택의 문제에 직면한다. 그리고 수많은 20~30대 젊은이들이 직면하는 결혼과 함께 그것에 부수적으로 따라붙는 이혼 리스크가 있다. 회사생활에서도 좌천, 전근, 발령대기, 근신, 권고사직, 정리해고 등 다양한 형태의 리스크가 작용한다. 이밖에 개인생활 면에서도 수없이 많은 리스크에 둘러싸여 있다는 것을 잊지 말자.

 **프로페셔널한 남자가 되라**

최근에는 회사에서도 조직 속의 개인이란 문제가 급속히 부각되고 있다. 특히 승진, 건강, 신변안전, 그리고 경제적인 충족감 등은 누구나 성취하고 싶어 하는 강한 욕망일 것이다. 이와 같은 요소를 충족시키면서 자기 자신의 파워를 유지하기 위해서는 다음과 같은 4가지 조건이 필요하다. 이것은 곧 성공하는 사람의 자격 조건이기도 하다.

첫째는 활력vitality, 둘째는 전문성specialty, 셋째는 고유성originality, 그리고 넷째는 개인성personality이다. 이와 같은 4가지 조건이야말로 개인적인 위기에 직면해도 전혀 동요되지 않고 자신의 역량을 유지하면서 역경을 슬기롭게 극복할 수 있는 열쇠이다.

이미지 트레이닝은 어떤 일을 하기 전에 '성공한 자기 모습'을 그려보는 것이다. "성공은 틀림없는 사실이고 단지 시간문제일 뿐"이라는 자신감 있는 태도로 마치 성공이 기정사실인 것처럼 행동하는 것이다. 이 방법은 사업이나 스포츠, 예술 등 다양한 분야에서 효과를 발휘하고 있다. 인간이란 좋든 싫든 자신이 희망하는 모습을 닮아가기 때문이다. 좋은 집에서 살고 싶으면 당신이 생각하는 좋은 집의 스타일과 전망, 인테리어 등 아주 세세한 부분까지 상상해보

라. 성공에 대한 이미지는 그냥 생각만으로 달성될 수 없다. 이미지를 구체화할 수 있는 설계도가 있어야 한다. 경험과 지식은 자기가 움직인 만큼 얻게 되기 때문에 그만큼 당신의 이미지는 명확해지고 구체화되어 간다.

흔히 성공하면 행복해질 거라고 생각한다. 그러나 그것은 오해이다. 성공한 사람은 모두 성공하기 전에도 늘 행복했던 사람이다. 물론 불우한 처지에 놓이거나 경제적으로 어려운 상황에 처한 적도 있었겠지만 자기 인생을 굳건히 유지한 사람들이 결국은 성공했다.

인생에서 무엇이 축복이 되고 무엇이 행운이 될지는 한 개인이 가늠할 수 없는 일이다. 따라서 모든 것을 축복이라 생각하고 그 모든 것을 행복으로 바꾸는 여유 있는 마음가짐을 갖도록 하자. 성공을 원한다면 가장 소중하게 간직해야 할 중요한 비결은 긍정적인 발상이다. '모든 것은 이제부터 시작이다'라고 새로운 각오로 마음을 강하게 다져야 한다. 기회란 것은 솔직하다. 기회를 잡기 위해서는 먼저 무언가를 반드시 대가를 지불해야 한다. 진심으로 기회를 바란다면 기회가 올 때 투자를 해야 한다.

'기회만 주어진다면 나의 진짜 능력을 완전히 쏟아 부어 잘할 수 있을 텐데!'

이렇게 생각만 하고 있는 사람들이 많다. 그러나 성공을 바란다면 당신은 이런 대다수 사람들의 생각처럼 살아서는 안 된다. 기회가 왔을 때 그 기회를 받아들일 준비를 항상 하고 있어야 한다. 기회가 찾아오더라도 토요일과 일요일을 쉬고 나면 월요일에는 이미 기회가 떠나버리기 때문이다. 그러기 위해서는 평소 꾸준히 실력을 연마하고 건강관리를 확실히 하여 힘을 축적해야 한다.

기회는 기다리기만 해서는 오지 않는다. 자신이 만들고 창조해야 한다.

정신무장은 위대한 자산이다

성공한 사람들 가운데는 경제적으로 성공했어도 정신적인 면에서는 불행한 이들도 많다. 또한 다른 사람의 입장에서 볼 때는 성공한 사람처럼 보여도 자신의 주관적인 측면에서는 인생의 실패자라고 생각하고 있는 경우도 있다. 이렇게 볼 때 성공한 사람이란 여러 가지 측면에서 균형을 유지하면서 정신적인 면이나 물질적인 면에서 동시에 만족감을 느낄 수 있는 이들을 의미한다고 볼 수 있다.

"성공이란 마음먹기에 달려 있다"는 말이 있다. 이 말은 성공을 위해서는 성공을 위한 '성공 전략'을 만들어 끈기 있게 추진하며 도전해야 한다는 의미와도 같다. 성공 조건을 스스로 창조해야 한다는 뜻이다.

여러분이 무엇을 바라든지 이 세상에는 당신이 희망하는 것을 채워주는 힘이 존재한다. 그것은 바로 마음의 힘이다. 마음의 힘은 이 세상에서 가장 위대한 힘이다. 따라서 바로 당신 자신이 그 큰 정신력을 가지고 사용하는 것이다.

그 동안 수많은 책들이 마음의 힘에 대해서 역설해왔다. 적극적으로 발상하는 방식에 의해서 좋은 효과를 얻을 수 있다는 것을 강조해왔다. 인간의 정신 속에는 무한한 가능성이 숨겨져 있다는 것은 누구나 인정하는 일이다. 그런데 그 힘을 어떻게 사용하면 더 만족스런 성과를 얻을 수 있을까?

당신도 이 세상의 많은 다른 이들과 마찬가지로 '어떻게 생각할 것인가, 무엇을 생각할 것인가'를 연구해야 한다. 당신의 인생에 있어서 최대의 만족을 얻기 위해서는 어떤 방향으로 정신을 이끌어 가느냐가 가장 중요한 문제이다. 당신은 당신의 신념대로 움직이게 된다. 당신이 신념을 바꾸면 당신의 세계가 바뀐다. 당신의 실력이나 위력은 모두 보이지 않는 것에 대한 당신의 신념에서 오는 것이다. 스스로 강하다고 믿어 보라. 그러면 당신은 강해진다. 자신을 의심해 보라. 그러면 당신은 약해진다.

대다수의 사람들이 늘 자신의 생각에 브레이크를 걸고, 상상력의 앞길에 돌을 갖다 놓는다. 신념의 새로운 상태는 의지의 힘을 쓰거나 주먹을 틀어쥐거나 이마에 주름을 잡는다고 믿어지는 것이 아니다. 누구든 자기를 믿으라고 강요한다고 해서 믿는 것이 아니다. 합리적이고 논리적인 기초를 바탕으로 삼을 때 신념이 서고, 그것을 진실한 것으로서 믿으며 행동으로 밀고 나갈 때 믿어지는 것이다.

어느 현명한 분이 다음과 같이 말했다. "행동이 따르지 않은 신념은 죽은 것이나 다름없다." 이 말은 곧 당신이 가진 신념을 실행하지 않는 한 신념이 없는 것과 같다는 의미이다. 신념은 행동을 시작할 때 비로소 활기를 갖게 되는 것이다.

유명한 마이어는 『백만 달러의 성공계획 5원칙』에서 성공의 핵심 요소를 다음과 같이 말하고 있다.

첫째, 목표를 뚜렷하게 세울 것.

둘째, 목표를 달성하기 위한 세부 계획과 그 달성 기한을 설정할 것.

셋째, 마음속에 새겨 놓은 인생의 꿈에 진지한 욕망을 불태울 것.

넷째, 자신의 가능성에 대하여 할 수 있다고 하는 자신감을 가질 것.

다섯째, 장애 요소를 분석하여 주위의 상황에 구애됨이 없이 마음속에 그려 놓은 계획을 강인한 결심 아래 달성하고자 노력할 것.

여기에서 결심이란 일관성, 지속성을 말한다. 따라서 결심했을 경우에는 치밀한 행동계획을 세워 끈기 있게 추진해야 한다.

인간은 자기 자신이 특기를 가진 일에 집중하며 그 방면에서 능력을 발휘하게 되면 매우 왕성한 자신감을 갖게 된다. 일단 자신감을 갖게 되면 인간의 두뇌기능은 놀라울 정도로 발휘된다. 그리고 지금까지 자신감이 없었던 분야에서도 큰 성과를 거두게 되는 것이다.

프로만이 살아남는다

"내가 20~30억 원을 투자할 테니 적당한 공장을 하나 인수해 경영을 맡아 주지 않겠나? 어려운 점은 내가 돈으로 밀어주겠네."

얼마 전 퇴직한 K 씨는 평소부터 알고 지내던 친구 L 씨로부터 뜻밖의 제의를 받았다. 부장으로 밀려난 자신에게 제조회사의 사장 직책을 주고 이익금도 나눠주겠다고 하니 참으로 고마운 일이었다. 그는 요즘 인수할 공장을 알아보느라 집에도 들어가지 않고 전국을 신나게 돌아다니고 있다. 23년 동안 다른 곳에 눈 돌리지 않고 제조사업 분야에만 흥미를 갖고 일한 결과이다.

모 그룹에서 9년 동안 사보 제작을 담당한 J 씨는 지금 중견 광고회사의 사장이다. 대학에서도 학보를 편집했던 그는 국내 대기업 사보 담당자 모임의 회장을 3년 동안 맡았다.

대기업에서 남들이 기피하는 총무 업무를 15년 넘게 담당하다가 밀려난 N 씨는 요즘 다시금 영어 공부에 몰두하고 있다. 세계 유수의 빌딩 청소용역 회사의 국내 지사 설립을 추진하고 있기 때문이다. 궂은일의 국내 최고 전문가가 되겠다는 것이다.

사원의 전문화를 경영 원칙으로 하는 다국적 기업들로부터 많은 한국인 벤처사업가들이 탄생했다. 모 그룹의 회장님은 월급쟁이 시절 이미 의류 제품의 전문가였다. 이를 바탕으로 독립했고, 종합상사까지 만들 수 있었다.

지금과 같은 저성장 복합불황인 때에는 무엇보다 전문화가 요구되는 시대이다. 살아남은 사람들은 회사에서 가장 관심 있게 한 업무를 전문화해 자신의 업종으로 성공하고 있다.

어느 회사에서 두 영업담당 이사가 사장실로 급히 불려갔다.

"S 이사, 국내 경기가 아무리 죽었다지만 이게 뭐요. 월급날이 일주일 뒤고 월말에 막을 어음이 한두 푼이 아닌데, 날보고 어쩌란 말이오!"

"죄송합니다만 국내 영업팀에는 기대를 말아 주십시오. 활동비를 삭감하는 바람에 '애들'이 풀이 죽어 기대하기 힘듭니다."

"M 이사, 그렇다면 수출밖에 없는데…."

"기대해 주십시오. 해보겠습니다."

M 이사는 베트남에 출장 간 김 대리에게 팩스를 보냈다. 끝에는 이렇게 썼다.

"이번 달 우리 회사 월급은 김 대리가 해결할 것으로 사장님이 기대하고 계시네. 대리가 '대표이사'의 준말이라고 누군가 얘기했던 것이 바로 이런 경우라고 믿고 있네."

며칠 후 M 이사는 풀이 죽어 있는 S 이사를 위로하기 위해 찾았다. M 이사가 물었다.

"댁의 자녀들은 공부 잘하나요?"

"말도 마쇼. 큰 애는 대학 걱정 말라지만 기대도 안 해요. 떨어지면 군대나 보내지 뭐. 작은 애는 전문대라도 가면 다행이고…. M 이사도 애가 둘이죠?"

"네, 큰 애는 서울에 있는 대학에는 꼭 들어가겠다니까 그렇게 믿고…. 딸은 운세가 기막히게 좋다니까, 시집가서 잘살 걸로 기대하고 있습니다."

며칠 후 여직원이 팩스를 들고 뛰어 들어왔다. 내용은 "우선 30만 달러 수출신용장을 열었습니다. 더 뛰겠습니다. - 김 대리."

성공하는 상사는 부하의 능력을 적극적으로 믿고 기대하며 일을 맡긴다. 그리고 그들은 자신들이 만든 성과를 상사의 공으로 돌린다.

"역경과 싸울 줄 모르는 사람은 단명한다"고 알레시스 카렐 박사는 말했다. 부도, 대기발령, 조직 축소, 비용절감, 명예퇴직, 정리해고 등으로 많은 직장인들의 마음이 편치 않다. 한번 조직이 개편되면, 한두 자리가 아니라 수십 자리가 사라진다. 많은 사람들이 갑자기 자리를 잃거나 대기발령을 받는다.

K 부장은 걱정이 태산 같았다. 영업이 잘되지 않는 것이다. 열심히 해도 목표를 달성하기가 쉽지 않다. 그는 최악의 사태로 퇴직을 생각해 보았다. 그렇게 결심하고 나니 마음이 한결 편해졌다. 최악의 상황을 개선하기 위해서 무엇을 할 것인가를 고민했다. 또한 직원들과 회의하면서 영업 실적을 올리는 방법에 대해서 구체적으로 논의했다. 힘차게 일하는 K 부장의 모습을 보면서 직원들도 용기를 냈고, 따라서 영업 실적이 점점 좋아지기 시작했다. K 부장은 이제 걱정하지 않는다. 걱정할 시간에 열정적으로 일하기 때문이다.

걱정이 생길 때마다 스스로에게 자문해보라. 최악의 상황은 무엇이며, 그 상황을 어떻게 개선할 것인지, 그리고 불가피한 일이면 받아들여라. 자신이 어떻게 할 수 없는 일에 대해서 걱정하는 데 시간과 에너지를 낭비하지 말자.

 20대여! 기본을 확실히 배워라

당신은 어떠한 20대를 보내고 있는가? 빛나고 내실 있는 생활인가? 아니면 근심·불만의 와중에서 방황하는가?

20대를 어떻게 보내느냐에 따라 이후 인생의 방향이 달라진다. 20대는 앞으로 인생을 살아가기 위한 '인간의 기본'을 숙달해야 할 중요한 시기이기도 하다. 이 시기에 몸에 배인 '성격'은 일생을 지배한다고 해도 과언이 아니다. 바로 여기에서 인생의, 그리고 인간의 기본적인 가치가 이미 결정되는 것이다. 좀더 정확하게 말하자면, 20대에서 완전하게 기본을 숙달하지 못하거나 평가받지 못하면 30대에서도 제대로 인정받기가 어려워진다. 이런 점에서 20대는 인간의 기본을 익혀야 되는 중요한 시기라고 할 수 있다.

그렇다면 20대에는 무엇을 달성하고 성취해야 하는가?

20대가 체력, 정신력, 활력이 보장되는 인생의 황금기라는 것은 두말 할 나위가 없다. 이러한 귀중한 시기에 어떤 인생 프로그램을 작성하여 시간을 보내느냐는 인생의 성공을 결정짓는 중요한 열쇠가 된다. 분명히 인생의 경주에는 목적이나 목표는 사람에 따라 천차만별이다. 누구나 어린 시절에는 꿈을 안고 미래를 설계하면서 성장하게 되지만 시간이 흐름에 따라 꿈을 향해 구체적으로 실천해가는 사람이 있는가 하면 중도에서 꿈을 포기하고 전혀 다른 길을 걷는 사람도 있다. 무엇보다도 뚜렷한 목적·목표를 설정하고 가능한 한 그것을 구체화시켜 가는 일, 이것이 곧 인생 계획이다.

과연 당신은 지금 어떤 목적을 갖고 있는가? 가정의 행복, 사업의 번창, 안정된 생활, 경영자의 길, 학문적인 업적 등 여러 가지가 있을 것이다. 그러나 이것을 구체적으로 실행하는 기술이 없으면 그야말로 꿈에 지나지 않는다. 인생 계획을 짠다는 것은 사업 계획을 짜는 것과 같다. 20대의 인생 프로그램을 잘 짜기 위해서는 다음과 같은 착안이 필요하다.

- 현실, 지금 당신의 상황은 어떠한가?
- 목적, 당신은 앞으로 어떻게 되고 싶은가, 그리고 어떤 인생을 살고 싶은가?
- 목표, 그것을 성취하기 위해서는 언제까지 무엇을 어떻게 할 것인가?
- 방법, 목표를 이루기 위해 어떤 방법을 써야 하는가?
- 시스템, 구체적인 계획·실행 방법은 무엇인가?

시간은 순식간에 지나가 버린다. 하루빨리 목표를 설정하고 미래를 향해 어떤 순서로 행동할 것인가를 설계하는 것이 중요하다. 경주에서 출발이 빠른 자가 앞서가는 것은 당연하다. 인생이라는 경주도 이와 마찬가지이다.

  우선 자기 인생의 목표를 확실하게 설정하도록 한다. 옥스퍼드 대학 교수이자 유명한 의사였던 윌리엄 오슬러는 젊은 시절 많은 고민을 했다. "어떻게, 무엇을 하고 살아야 하는가?"를 고민하던 그는 토머스 카알라일이 쓴 책의 한 구절을 읽고 위기로부터 벗어날 수가 있었다고 한다. "인생에서 중요한 임무는 먼 곳에 있는 것을 보는 것이 아니라, 확실하게 보이는 가까운 곳에 있는 것을 실행하는 것이다." 이 글을 읽은 후 그는 철저히 현재에 충실했다. 지나간 일들은 과거로 묻어버리고 미래도 닫아 버렸다. 그는 내일을 위한 가장 바람직한 방법은 오늘의 일을 오늘 하기 위해 모든 지식과 정열을 집중하는 일이라고 말하면서 매일 매일에 충실했다. 따라서 그는 당대의 가장 유명한 의사가 되었다.

  우리들에게 주어진 하루는 누구에게나 24시간뿐이다. 과거와 미래를 잊어버려라. 오늘 해야 할 일의 목록을 만들어 중요한 일부터 먼저 처리하는 지혜가 필요하다. 시간이 흐른 뒤에 자신이 원하던 것을 이루었을 것이다.

 ## 30대여! 실력을 쌓아라

　　　　　　30대, 이 시기를 음악에 비유한다면 미완성 교향곡이라 할 수 있다. 아직 한 가지도 완성되지 않았으나 이 연주가 끝나는 이후의 미래에 대한 성공 확률이 결정되는 시기이기도 하다. 따라서 이때 무엇보다도 중요한 것은 연주를 끈기 있게 계속할 수 있느냐 하는 점이다.

　30대는 일에서도 가장 열정적으로 해나갈 수 있는 시기이다. 이런 점에서 30대의 직업관에서 가장 중요한 것은 어떠한 일을 하든 결코 싫증을 낸다거나 중도에서 포기하지 않는 인내이다. 그리고 결코 자신감을 잃지 않겠다는 투철한 정신자세가 중요하다. 30대는 어느 정도의 수확이 있어야 하는 시기이기도 하다. 그것은 또한 직업인의 사명이며 40대가 됐을 때 성공의 발판이 되는 것이다.

　30대는 자신의 신체에 활력을 비축해 놓는 것이 중요하다. 그리고 일은 물론 취미에서나 공부에서도 집중할 수 있는 자세도 중요하다. "나는 아직 젊기 때문에 뭔가 되겠지." "아직은 젊은데 그렇게 초조해할 필요가 있을까?" "그럭저럭 되겠지." 이렇게 말하는 사람들도 있을 것이다. 그러나 30대에도 이렇게 말하는 사람은 앞날이 불투명한 인생이다. 이 시기에 남보다 뒤처져 쫓아가기만 한다면 이는 분명히 돌이킬 수 없는 낙오의 세월이 될 것이다.

30대에 한 발짝 쉬게 되면 두 발짝 뒤처지게 된다. 또한 남들이 하는 만큼만 한다면 큰 의미가 없는 것이다. 무엇보다도 부가가치가 높은 자기만의 차별화된 무언가가 필요하다. 30대, 이 10년 세월이 야말로 성공을 위한 결정적인 시기라는 점에서 그 이후의 인생을 크게 좌우하게 된다.

"영국 사람은 생각하고 나서 달리고, 프랑스 사람은 생각하면서 달리며, 이탈리아 사람은 달리고 나서 생각한다"라는 유명한 속담이 있다. 이에 대해 이탈리아 사람들은 지나치게 경솔하며, 영국 사람들은 너무 신중하다. 따라서 가장 이상적인 타입은 생각하면서 달리는 프랑스 사람이라고 평가한다. 이와 같은 속담은 세 나라의 국민성에 대한 독특한 차이점을 분명하게 표현한 동시에 지식과 행동의 두 가지 핵심 동기가 얼마나 중요한 요소인가를 시사하고 있어 흥미롭다.

사고와 행동의 통일 그리고 불가분성은 인간이 '만물의 영장'으로 지구상에 군림해온 이래 끊임없이 추구해온 영원한 테마이며 앞으로도 변하지 않을 진실이다. 이를테면 회사에 근무하고 있는 직장인이나 자영업을 하는 사장의 경우에도 당면한 문제를 해결함에 있어서 어떤 것이 문제이고 이를 어떻게 해결할 것인가 하는 것이 핵심 과제가 되고 있다. 이때 가장 어려운 문제는 지식과 행동을 어떻게 조화시키느냐에 있다고 본다. 왜냐하면 그것이 곧 성공과 실패의 분기점이 되기 때문이다. 특히 미래의 전망이나 예측이 불투명할 때 결단을 내리는 행동은 가장 중요한 요소라고 볼 수 있다.

인생이란 순간순간을 지혜롭게 극복해가는 과정인 동시에 시간과의 싸움이다. 명문 대학을 우수한 성적으로 졸업해야 한다는 지식 만능주의의 인텔리 타입은 이것저것 많은 지식을 지니고 있음으로해서 오히려 신속한 결정을 내려야 하는 순간에는 지식을 앞세운 나머지 당황하거나 망설이게 되는 경우가 많다.

대부분 대학교수 등 지식인을 존경하긴 하지만, 사느냐 죽느냐의 갈림길에 봉착했을 경우에는 고매한 학식보다는 어떠한 판단과 결심으로 어떻게 행동하느냐가 더 값진 교훈이 되고 있다. 이와 같은 견해는 판단력이 빠른 사람들에게 공통된 인식이다. 사느냐 죽느냐의 갈림길에서 말재주가 능란하다는 점만으로 살아남을 수 없는 세상이다. 이때 가장 중요한 점은 정확한 판단 아래 빠른 실행이 뒤따르지 않으면 아무도 그 사람을 높게 평가해 주지 않는다는 것이다. 카알라일은 『영웅숭배론』에서 "인생의 목적은 행동에 있는 것이지 결코 사상이나 공상에 있는 것이 아니다"라고 강조하고 있다.

자신만의 성공 프로그램을 짜라

　　최근 급변하는 상황에서 생존하려면 자신만의 성공 프로그램을 치밀하게 짜야한다. 직장인의 성공 조건으로 다음의 6가지를 강조하고 싶다.

　첫째, 자기 직업을 사랑한다. 직업에 대한 애정은 일을 깊이 있게 파고들도록 하는 원동력이 된다. 따라서 인기 있는 직업보다 자신의 적성에 맞는 직업을 선택해야 성공한다.

　둘째, 새로운 기술 및 지식을 끊임없이 습득하도록 한다. 최근에는 특정 부문의 전문기술도 불과 몇 년 사이에 쓸모없어지거나 그 중요성을 잃게 된다.

　셋째, 담당 업무에서 탁월한 능력을 발휘한다. 달갑지 않은 일이라도 담당 업무에 관한 한 회사에서 최고를 목표로 한다. 자신이 좋아하는 업무에만 매달리면 좋은 점수를 받지 못한다.

　넷째, 국제 분야의 실무 경험을 쌓는다. 해외 영업, 외국어, 시장조사에서 탁월한 능력을 발휘한다. 이제는 세계를 무대로 글로벌 비즈니스를 해야 하는 시대이다.

　다섯째, 직장에서 새로운 사업 아이템을 개발한다. 기업가적 마인드를 갖고 새로운 사업 아이디어를 제안한다. 새로운 아이디어가 우수하면 인정받고 보다 높은 자리로 발탁되는 경우가 많다.

여섯째, 성장 가능성이 있는 분야를 스스로 개척한다. 남이 못하는 업무 영역에서 뛰어난 능력을 발휘한다. 그리고 인사·자금·영업·생산·기획·구매 등의 다양한 분야에서 업무 경험을 쌓는다. 이렇게 하여 경영 컨설턴트 능력을 갖춘다.

다음은 자신의 능력을 극대화시켜 종합적인 능력을 발휘하기 위해 고려해야 할 사항이다.

- 자신에게 능력이 없기 때문이라고 하는 비관적인 생각을 버리고 적극적으로 행동한다.
- 자신의 일을 철저하게 숙달하고 보다 전문화된 기술을 연마한다.
- 재미있게 일하면서 집중한다.
- 어떠한 실패나 쇼크에 대해서도 구애받지 않고 분발한다.
- 간혹 절망적인 순간이 있더라도 곧바로 기분 전환을 하여 긍정적인 마음을 갖도록 한다.
- 자기방어에 유의하면서 자신의 결점을 알도록 한다.
- 끊임없이 왕성한 창조력을 발휘하여 일을 성취시킨다.
- 자신의 업무에 끈기 있게 집중력을 발휘한다.

자신의 단점이나 결점들만 신경 쓰면 성공은 어렵다. "나는 유능하다. 무엇이든 할 수 있다"라는 타입과, "나는 별로 능력이 없다. 이 정도밖에 할 수 없다"라는 타입을 비교할 때, 어느 쪽이 성공할 확률이 높겠는가?

물론, 자신감이 넘치면 뜻밖의 함정이 될 수도 있고, 그렇지 못한 사람도 매우 훌륭하게 일을 할 수 있다. 그러나 통계적인 비율로 보면, 자신감을 갖는 사람 쪽이 일을 끝까지 성취할 확률이 높은 건 사실이다.

모 대학에서 강의를 맡은 K 교수가 다음과 같이 실험해본 적이 있다. 입학시험 성적이 비슷한 학생을 두 개의 그룹으로 나눴다. 한 그룹에서는 강의를 시작하기 전에 "여러분의 잠재력은 대단히 높다. 그러나 지금까지 별로 노력하지 않았던 것 같다. 높은 잠재력을 가지고 있는 여러분이 열심히 하면 반드시 우수한 능력을 유감없이 발휘할 수 있을 것이다"라고 1년간 계속 강조했다. 또 다른 그룹에서는 아무 말도 하지 않았다. 강의 내용은 같았지만 강의에 앞서 별다른 언급을 하지 않았다.

그 결과 1년 뒤 성적은 놀라웠다. "잠재력이 있다" "하면 된다"라는 말을 계속 들었던 그룹의 학생들이 훨씬 높은 성적을 내게 된 것이다. 동일한 실험을 다른 곳에서도 해 보았다고 한다. 역시 미래의 기대와 희망을 말한 그룹이 훨씬 좋은 성적을 올렸다고 한다.

 ## 자신만의 전문 분야를 가져라

　　　　　어떤 일이든 프로는 자신이 한 실수에 책임질 줄 알아야 한다. 일을 하다보면 '할 수 없는' 이유는 수없이 많다. 시간이 없어서, 일진이 나빠서, 부하 직원이 무능해서 등등 이루 헤아릴 수도 없다. 그러나 실수를 실수로 생각하지 않거나 자기의 실패를 남과 비교하면서 안심하는 사람은 직장인으로는 실격이다.

　실수의 원인과 결과를 노트에 써두면 실수는 성공의 기반이 되고, '실수·반성 노트'는 언젠가 '성공 노트'가 될 것이다. 단 한 번의 실수로 위축되고 자신감을 잃은 나머지 일 자체를 두려워하는 것은 어리석은 일이다. 공부한 셈치고 실수의 원인을 정확하게 분석하면 된다. 실수를 회피하지 말고 정면으로 맞부딪쳐 도전해야 한다.

　이미 발생한 문제는 불평하지 말고 차분히 대응한다. 이를 위해서는 무엇보다 사실 관계를 분명히 해둘 필요가 있다. 문제점을 정리하기만 해도 문제의 95퍼센트는 해결된다. 해결이 필요한 부분은 나머지 5퍼센트 정도뿐이다. 문제가 닥쳤을 때 겁을 먹고 위축되는 것이 최악의 상황이다. 무슨 일이든 그렇지만 소극적인 태도나 허둥지둥해서는 잘되는 일이 하나도 없다. 특히 문제가 발생했을 때일수록 더욱 주의해야 한다. 문제가 발생하는 순간에 비관적 생각에 빠져버리는 사람이 의외로 많다. 그런 마음가짐으로는 해결할 수 있는 문제도 처리하지 못하고 만다.

상대방을 배려하고 있다는 느낌이 들도록 행동하라. 오히려 상대방에게 플러스가 되도록 문제를 활용하여 마무리한다면 그 문제는 성공의 바탕이 되는 것이다. 지금처럼 빠르게 변화하는 세상에서 변화를 두려워하지 않고 오히려 변화를 추구하며, 새로운 것을 능동적으로 받아들이는 사람만이 성공할 수 있다.

지식이든 기술이든 새로운 것을 신속히 흡수하고 소화하게 되면 결과는 눈에 띄게 좋아진다. 따라서 자신의 전문 분야에 관한 한 시간과 돈을 아끼지 않아야 한다. '이 세미나는 수강하고 싶다'는 생각이 든다면 바로 신청해서 듣는다. '노트북이 있으면 일의 능률이 획기적으로 오를 것이다'라고 생각되면 망설이지 말고 구입하라. 돈이나 시간 모두를 가능한 한 자신이 경영한다. 자신에게 진정 중요하다고 생각되는 것에 투자한다. 지식을 축적하고 언제든 활용할 수 있도록 데이터화해둔다. '보다 빨리, 보다 능숙하게' 할 수 있도록 기술을 빨리 연마한다. 끊임없이 새로운 것을 입력하고, 또 계속 새로운 것을 출력한다.

지금 곧 인생을 하직하는 순간이라고 생각하면서 산다. "당신에게 남겨져 있는 시간은 생각지 않은 선물"이라고 강조한 사람은 마르쿠스 아우렐리우스였다.

진지하게 일하고 있는 직장인이라면 누구나 업무에 필요한 좋은 아이디어가 떠오르지 않아 궁지에 몰린 채 머리를 쥐어짜본 경험이 있을 것이다. 그럴 때 당신은 어떻게 하는가? 마음이 끌리는 일이나 자신이 모르는 것은 곧바로 조사한다. 우선 책이나 참고자료를 찾아보고 주변의 선배나 동료에게 물어보라. 의문을 곧바로 풀어 놓는 것은 자기를 위해서나 남을 위해서나 바람직한 일이다. 좋은 아이디어에 관한 가장 확실한 정의는 '아직 누구도 하지 못한 것'이다. 아이디어의 생명은 독창성이다. 이론의 발상만으로는 좋은 아이디어가 떠오르지 않는다. '이것이 마지막'이라고 생각하면 의외로 자연스럽게 아이디어가 떠오르는 경우가 많다.

빌 게이츠에게 배워라

빌 게이츠가 하버드대를 중퇴하고 마이크로소프트를 창업했을 때 어느 누구도 마이크로소프트가 IBM이나 DEC 같은 거대 기업을 제치고 세계 최고의 IT기업이 될 것이라 예상하지 못했다. 아마존닷컴의 창업자 제프 베조스가 시골 교외에 창고를 빌려 인터넷서점 사업을 시작했을 때도 그것이 새로운 유통 혁명의 시작이라는 것을 아무도 몰랐다.

국제 경쟁력이 뛰어난 나라에서는 빌 게이츠와 제프 베이조스와 같이 새로운 아이디어로 기존의 시장질서와 경쟁해 성공한 예를 수없이 많이 찾을 수 있다. 마이크로소프트와 아마존닷컴의 탄생 배경은 새로운 발상과 변화를 받아들이고 기존 시장질서에 도전하는 이들에게 공정한 게임 원칙을 제공하는 사회 분위기 덕분이다.

1990년대 IT 분야의 발전을 통해 제2의 경제부흥을 달성한 미국은 새로운 발상, 즉 변화를 주도하는 사람들을 인정하고 적극적으로 지원한 사회 분위기 덕분이었다. 미국의 최대 강점은 세계 제1의 군사력도 아니고, 풍부한 자원이 묻혀 있는 넓은 땅덩어리도 아니다. 새로운 발상을 권장하는 동시에 새로운 사고와 발상으로 성공한 사람이 충분한 대가를 받는 사회 분위기가 미국 부흥의 견인차 역할을 한 것이다.

백만장자를 꿈꾸는 모험심 강한 사람들이 기존의 거대 강자와 공정한 게임을 치를 수 있는 환경이 중요하다. 그런 환경이 없다면 다윗은 영원히 골리앗을 이길 수 없다. 만약 공정한 싸움을 할 수 없다면 그렇지 않아도 키 작고 힘없어 불리한 다윗은 골리앗과 싸울 생각조차 품지 못할 것이다.

역사 속으로 사라져 버린 국가나 문명은 새로운 변화와 도전을 거부했다. 또 은연중에 새로운 발상을 지닌 자들을 삐딱하게 보는 문화가 생겼다. 새로운 사고와 도전을 거부하고 공정한 게임의 원칙을 제시하지 못했던 남미나 중동의 일부 국가와 기업은 세계무대에서 경쟁력을 상실하고 사라져갔다.

과거에는 경험하지 못했던 변화가 빠른 속도로 밀려오고 있다. 변화의 시대에는 새로운 발상, 아이디어를 가진 사람이 성공한다. 새로운 생각과 시각을 우대하는 사회적 분위기 및 공감대가 필요한 시대이다. 변화의 속도가 빨라지고 불확실성이 커지면 사회 한편에선 새로운 견해나 발상에 대해 두려움을 나타내기도 한다. 미래를 짊어질 많은 젊은 세대들도 불확실성 앞에서 당황하고 있다. 그들에게 미래에 대한 희망의 비전을 제시해 주어야 한다. 변화를 시도하고 주도하는 사람들을 우대하고 격려하며 공정한 게임의 원칙을 만들어야 한다. 다양성과 새로운 발상을 인정하는 공정한 경쟁을 통해 새로운 기술과 제품이 탄생할 수 있는 사회 분위기가 조성된다면 국가 경쟁력은 높아질 것이다.

국민의 정부 시절 '신新지식인'이라는 용어가 등장했다. 새로운 사고와 시도를 중시하겠다는 것이었다. 그러나 우리는 그런 분위기를 사회적 합의로 만들어 신성장동력을 제대로 만들지 못했다. 근본적인 발상의 전환 없이 단순히 몇 사람을 신지식인으로 임명해서 해결될 일이 아니기 때문이다.

콜럼버스나 에디슨처럼 새로운 발상을 지닌 인물들은 그들이 속한 국가가 세계를 제패하는 데 견인차 역할을 했다. 우리 사회를 더욱 다양성이 인정되고 새로운 것을 자연스럽게 받아들이는 사회로 만들고, 공정한 경쟁의 법칙을 확고하게 세운다면 수많은 성공한 인재들을 배출할 수 있을 것이다. 희망을 가진 젊은이들이 그 성공한 사람들의 대열에 합류하기 위해 최선을 다할 것이기 때문이다.

성공은 여행이다

얼마 전 미국의 심리학자 벤쉬 트랜드는 "성공하는 사람은 '성공은 여행이다'라고 생각하고, 실패하는 사람은 '성공은 종착지다'라고 생각한다"고 역설했다.

여행은 출발할 때 지도와 짐을 챙기고 이것저것 자세하게 계획을 세우는 것에서부터 시작하는 동시에 여행의 즐거움에 충만하게 된다. 그리고 여행 목적지로 가는 동안 들뜬 기분에 즐거움을 만끽한다. 이처럼 인생의 즐거움은 여행을 하기로 결정할 때부터 시작되는 것이지 목적지에 도착하고 나서야 시작되는 게 아니다.

이와 마찬가지로 목표를 달성했을 때가 성공이 아니라 목적을 달성하려고 마음의 결정을 내릴 때부터 이미 성공은 시작되고 있기 때문에 달성할 때까지의 과정도 모두 성공이라고 생각하는 것이 중요하다.

'성공은 여행이다'는 발상은 한마디로 성공을 부르는 사고방식이다. 그리고 이를 가능케 하는 것이 잠재의식이다. 목표를 달성할 수 있다고 확신하고 성공한 모습을 언제나 마음속에 그리면서 노력해 간다면 잠재의식의 위대한 힘이 작용하게 되어 성공은 저절로 찾아오게 되는 것이다. 이것이 인간 본래의 바른 사고방식이고 성공하는 발상이다.

반면 '성공은 종착지이다'라고 생각하는 것은 목표가 달성되어야 비로소 성공한 것이기 때문에 목적을 향해서 출발하면서도 과연 성공에 대한 확신이 서지 않게 된다. 따라서 실패에 대한 두려움을 느끼며 자신감이 부족해지는 것이다.

어떤 성공이든 그 길은 험하고 고통이 따라다니며 악전고투 끝에 비로소 결승점에 닿는 것이다. 인류 역사에 이름을 남긴 유명한 인물들은 모두 그런 역경을 돌파하고 성공을 이룩한 사람들이다. 그들 중에는 천재로 불리는 사람도 있었지만, 바보 취급을 받은 사람도 있었다. 다시 말하면 '성공하는 것과 신으로부터 받은 재능과는 별개다'라고 할 수 있다.

일반적으로 무엇이든 잘하는 사람을 머리가 좋다고 하고 반대의 경우를 머리가 나쁘다고 단정해버리는 경향이 있는데, 그것은 잘못된 생각이다. 무엇이나 할 수 있다고 하는 것은 머리가 좋기 때문이 아니라 어디까지나 사고방식(발상)에 의한 것이다. 결국 천재라도 발상을 갖지 못한다면 자신감이 없어 성공할 수 없으며, 반대로 평범한 사람일지라도 성공하는 발상만 있으면, 그 사람은 발휘한 능력에 걸맞은 성공을 이룩할 수 있는 것이다. 예를 들면, 학력이 없는 사람일지라도 훌륭하게 일을 처리하는 사람이 있지만 일류대학을 나왔으면서도 불평과 불만의 포로가 되어 아무것도 못하는 사람이 적지 않다.

이와 같은 차이가 생겨나는 이유는 어디까지나 발상(사고방식)이며 능력은 그 발상이 올바르다면 반드시 따라오는 것이다. 따라서 자기에게 능력이 없다고 무슨 일이나 회피하려는 태도는 어리석다. 성공하는 발상을 가지고 무슨 일이든지 적극적으로 임하는 것이 무엇보다 중요하다.

성공이라고 하는 것은 하나의 목표를 달성하는 것이다. 일의 크고 작음은 중요하지 않다. 대단한 결과가 아니라고 해도 하나의 창조적인 것을 이룬다면 성공이라고 말할 수 있다. 오늘 하루를 뜻있게 보내려고 계획을 세워 그대로 실천했다면 그것 또한 훌륭한 성공이라 할 수 있다. 친구와 사이가 좋지 않을 때 노력해서 좋게 되었다면 그것도 성공적인 인간관계를 유지하는 것이라고 할 수 있다. 자기 자신의 이미지를 멋지게 바꿨다고 한다면 그것도 멋진 성공이라 할 수 있다.

이처럼 우리들의 눈앞에는 성공의 씨앗이 무수히 굴러다니고 있다. 작은 것 하나하나를 성공시켜 나가면서, 그것을 자기의 실적으로 인정하고 반복해 나간다면 마침내 큰 성공으로 성장할 수 있는 것이다.

성공의 열쇠는 무엇보다도 우선 그 목적이 반드시 달성될 수 있다는 것을 확신하는 것이다. 그러기 위해서는 '나는 반드시 성공한다'라고 자기암시를 반복하는 것이다. 또한 항상 성공하는 것을 생각하고 노력하며 결코 포기하지 않는 것이다. 절대 도중에 그만두지 않도록 한다. 그렇게 한다면 앞에서도 언급한 것처럼 그 과정에서 잠재의식이 여러 가지 지시를 보내온다. 하나의 아이디어를 가져다주기도 하고 행동을 재촉하기도 하기 때문에 기회를 놓치지 말고 적극적으로 받아들여 행동해가는 것이다.

뉴턴이 만유인력의 법칙을 발견했을 때도 두 가지의 큰 힌트가 잠재의식으로부터 떠올랐던 것이다. 어느 날 바람이 없는데도 사과가 나무에서 떨어지는 것을 보고 하나의 힌트를 얻었던 것이다. '가벼운 사과가 떨어지는데, 큰 달이 떨어지지 않고 떠 있는 것은 무엇 때문일까?' 초점이 여기에 맞추어지자 문제는 반드시 풀어질것이라고 확신하면서 연구를 거듭했다. 그리고 또 어느 날 창문 밖으로 공이 날아가는 것이 보였다. '저 공은 짧은 시간이지만 떨어지지 않고 날아가고 있다. 공은 운동하고 있는 것이다. 그렇다. 달도 큰 힘으로 운동하고 있기 때문에 떨어지지 않는 것이다.' 여기서 그는 결정적인 아이디어를 얻었다. 저 유명한 만유인력의 법칙은 이 힌트에 의해서 발견되었던 것이다. 언제나 긍정적으로 발상할 수 있다는 믿음을 가져야 한다. 어떤 일에 대해서든 자신감이 중요하다. 하고 싶은 일, 꿈꾸어 왔던 일, 무엇이든 가능하다.

우리의 내면은 비옥한 정원이다. 긍정적이고 열정적이며 자신감 있는 생각을 마음의 정원에 심어라. 때가 되면 그 소중한 생각들은 아름다운 꽃을 피우고 풍성한 열매를 맺을 것이다. 성공을 향해 가는 여행에서 힘과 용기, 동기부여가 될 수 있는 말과 생각들을 마음에 새기는 발상이 중요하다.

Chapter 02
조직이란 무엇인가

조직에서 일해야 성공한다 ● 조직에선 열정이 중요하다 ● 조직은 보고가 생명이다 ● 책임지는 자세가 중요하다 ● 타이밍을 잘 맞추고 있는가 ● 조직에 적응하는 자세 ● 엉덩이가 무거우면 실패한다 ● 조직에서 권한은 창조하는 것이다 ● 일에 대해 책임지는 사람이란 ● 일을 통해 성과를 올려라

자신을
경영하라
Self-Management

조직에서 일해야 성공한다

　　　　　조직의 구성원이 되면 그때부터 '나'는 '우리'가 된다. 나의 작은 이기심은 조직과 한마음이 되어 성장하고 발전하기 위해 버려야 한다.

　조직원 전체의 목표를 달성하는 동시에 조직원 각자가 함께 성장하고 업무 수행에 최선을 다하기 위해서는 필요한 모든 기회가 열려 있어야 한다. 이처럼 열린 환경이 갖춰져야만 비로소 개인이자 팀 구성원으로서 실패하지 않는 토대가 마련된다. 조직원 각자가 '나'보다는 '우리'를 위해 노력을 집중하고 서로 신뢰하는 풍토가 마련되면 조직과 기업은 활성화된다.

　팀원이나 또는 잠정적인 조직원으로 만나는 사람들에 대해 잠시 생각해보자. 공동체로 살아간다는 것은 인생을 살면서 만나게 되는 근본적인 문제이다. 능력과 재능이 다른 각 구성원이 상호보완적으로 협력하면 좋은 결과를 거두게 되는 것이 당연하다. 상호보완적인 관계로 이룩한 성공은 팀 구성원 전체의 승리라고 볼 수 있다. 당신도 팀의 일원으로서 노력하라. 조직이 승리하면 당신 또한 승리한 것이다. 단지 하나의 게임에서 승리하겠다고만 생각할 것이 아니라 결승전에서 최후의 챔피언이 되겠다는 야심을 가져라.

여러분은 혼자 갖은 애를 쓰다가 더 이상 어쩔 수 없는 심정으로 다른 사람에게 도움을 청했더니 바로 해결되었던 경험을 한 적이 있을 것이다. 따라서 누군가에게 어떤 일을 해달라고 부탁할 때에는 지시하고 명령하는 방식이 아니라 정중하게 요청해야 한다. 먼저 상대방이 자발적으로 도와주고 싶은 마음이 생기도록 해야 하며 동기를 부여해야 한다.

조직원으로서 일할 때 얻을 수 있는 가장 큰 소득은 혼자 모든 일을 감당할 필요가 없다는 점이다. 다른 사람의 도움 없이 오직 혼자만의 힘으로 성취할 수 있는 일은 그리 많지 않다. 다른 사람에게 일을 부탁하여 넘긴 경우에도 정해진 시간 내에 확실하게 끝낼 수 있도록 일의 진행 과정을 확인시켜야 한다. 다음은 이에 대한 체크 사항이다.

- 해야 할 일이 무엇인지 정확하게 이해시킨다.
- 일을 끝내야 할 날짜와 시간을 정한다.
- 일의 완결에 따르는 책임을 분명히 해둔다.
- 일이 순조롭게 진행되도록 필요한 도구와 자료 및 보조할 사람과 관련 사항을 제공해 주고 이에 따르는 소요되는 비용도 지원한다.
- 어떤 점에 중점을 두고 일해야 하는가에 대한 기준을 알려주고 그 기준에 입각하여 납득이 가도록 설명해준다.
- 그 일이 올바른 방향으로 추진되고 있는지 계속 주목한다. 단, 일하는 사람이 판단하고 결정하는 방식에 일일이 간섭하지 않는다.
- 일이 잘 끝났을 때 감사 표시를 잊어서는 안 된다. 또 완결된 일에 따르는 보상도 잊지 말아야 한다.

일이나 기획이 좋은 성과를 거두었을 때, 뒤따르는 칭찬과 격려, 인정, 신뢰, 힘과 권위, 이득은 그 일을 함께해온 사람들과 공유한다. 도와준 모든 사람들에게 그들의 도움이 적절했음을 느끼게 해주고 그들이 거둔 성과에 대해 같이 기뻐한다. 기쁨이란 나눌수록 커지는 것이다.

조직에선 열정이 중요하다

　　　　　괴테는 "열성만이 남자의 인생을 영원하게 만든다"고 했다.

　조직원들과 하나의 목표를 향해 함께 일하면서 결실을 맺도록 노력해야 한다. 누구나 성장하고 번영하는 조직에 몸담고 싶어 하며 거기서 보람을 찾고자 한다.

　기업들은 끊임없이 변화하는 환경에 대응하기 위해 신속한 명령과 그 실행을 요구한다. 모든 일에는 시작과 끝이 있다. 회사 내 모든 업무는 상사의 명령이나 지시로부터 시작되고 결과 보고를 통해 마무리된다. 이러한 일련의 과정에서 업무를 보다 원활히 수행하기 위해서는 상사의 생각을 정확히 파악하여 그것을 실행하고 보고하는 자세가 중요하다.

　상사의 지시·명령을 받을 때의 유의 사항을 몇 가지 살펴보자. 명령을 받았으면 상사가 무엇을 요구하고 있는지 그 핵심을 요령 있게 신속히 파악해서 실행 옮기도록 하고, 이후에 다시 한번 이것으로 충분한가를 검토한다. 지시를 받으면 곧 '예' 하고 즉시 대답해야 하며, 그 내용을 메모한다. 그리고 끝까지 잘 들어야 하며, 5W 1H(누가, 언제, 어디서, 무엇을, 왜, 어떻게)에 입각하여 생각하고 애매한 점은 질문으로 확인해야 한다. 요점은 간단히 복창하도록 하며, 능력과 시간을 잘 고려해서 접수하도록 한다.

지시한 것을 끝냈다 하더라도 상사에게 보고를 끝마치지 않았다면 그때까지는 일이 완료된 것이 아니다. 보고를 통해 새로운 지시를 받거나 업무가 종결될 수 있도록 해야 한다. 명령이나 지시받은 일을 완료했으면 즉각 보고해야 한다. 보고는 반드시 명령한 상사에게 하도록 하고, 우선 결론부터 말한 다음에 진행 상황 등을 순서대로 간결하게 보고한다. 그리고 사실에 입각하여 객관적으로 보고해야 한다. 그리고 보고할 때의 유의 사항을 살펴보면 다음과 같다. 보고는 단계를 구분하여 핵심을 이해하기 쉽게 말하며 필요에 따라서는 문서로 하는 것이 바람직하다. 그리고 적절한 시기에 중간보고를 한다면 최종적인 보고가 한결 쉬워진다.

업무를 처리하다 보면 최종 의사 결정을 내릴 수 있는 결재권자가 없어 급히 처리해야 하는 업무가 지연되는 경우가 있다. 그러나 그로 인해 업무상 문제점이 발생한다거나 기회 손실로 회사에 손해를 끼치는 상황이 발생해서는 안 된다. 회사에 막대한 영향을 줄 수 있는 내용이라면 몰라도 그렇지 않다면 상사가 신중하게 판단하여 소신을 갖고 업무를 추진할 수 있도록 해야 한다. 그런 다음 '추인'을 받도록 하는 것이 좋다. 어떠한 경우에도 결재 지연으로 인해 회사에 손실을 끼칠 수 있는 문제가 발생해서는 안 되기 때문이다. 사소한 의사결정 사항이라도 판단이 매우 어려울 경우에는 전결권자의 상급자에게 의견을 들어 결정토록 하고 후에 전결권자에게는 '추인'을 받도록 하면 된다. 여기에서 가장 중요한 것은 신속한 의사 결정이다. 여러모로 판단하여 큰 무리가 없다면 소신 있고 재량껏 일을 추진할 수 있어야 한다.

조직은 보고가 생명이다

직장에서 일하다 보면 긴급히 보고해야 하거나 결재를 받아야 할 경우가 종종 생긴다. 그러나 보고해야 할 때 상사가 자리에 있으면 문제가 없지만 외부 손님과 만나고 있다거나 다른 부서의 상사 또는 임원들과 회의하는 등 보고해야 하는 사원은 애만 태우고 어떻게 해야 할지 몰라 난처해지는 경우가 있다.

긴급하게 상사에게 보고하여 결재를 받아야 할 경우라면 사소한 일이 아닐 것이다. 이럴 경우 망설이다가 보고의 시기를 놓쳐 일을 그르치게 되는 일이 있어서는 안 된다. 외부 손님과 만나고 있을 경우에는 메모를 넣어 상사를 잠시 나오게 한다거나 아니면 직접 찾아가서 상사에게 귓속말로 상황을 보고하고 상사의 결정에 따를 수 있도록 한다. 간단한 일이라면 즉석에서 결정을 내릴 수도 있고 그렇지 않다면 잠시 나와 일을 처리할 수도 있다. 여기에서 유의할 사항은 찾아온 손님이 언짢아하지 않도록 긴급한 보고 사항이 있어 미안하다는 양해를 먼저 구해야 한다.

타부서 상사와의 회의 시에는 다소 수월하다. 서로 이해해줄 수 있기 때문에 잠시 나오게끔 한 후 일을 신속히 처리하면 된다. 그러나 상사가 임원들과 회의를 하고 있는 중이라든가 또는 다소 부담이 가서 일을 어떻게 처리할 줄 몰라 망설여지는 경우는 비서를 통해 메모를 전달하여 일을 처리하도록 한다. 메모를 본 상사가 임원들에게 양해를 구한 다음 잠시 나와 일을 처리한 후 다시 회의에 참석하면 되기 때문이다. 긴급한 업무 처리를 위해 회의석상에 메모를 전달한다든가 잠시 자리를 비우고 일을 처리하는 것은 실례가 아니다. 회사의 이익이나 성장을 위해 신속한 의사 결정이 필요한 경우에는 그 시기를 놓쳐서는 안 된다. 왜냐하면 한번 놓친 기회는 다시 오기 어렵기 때문이다. 따라서 기회 손실을 예방한다는 측면에서 적극적으로 업무를 처리할 수 있도록 해야 한다. 그 당시의 난처함보다는 향후 그것이 회사에 미치는 영향을 먼저 고려하는 신속함과 감각이 중요하다.

모든 업무를 처리하는 데 있어 항상 직속 상사와 의견 일치를 보기란 쉽지 않다. 종종 상반되는 의견으로 인해 서로의 의견만 주장하다 보면 언성이 높아질 경우도 있다. 우리는 이러한 경우를 경계해야 한다. 상사도 부하 직원도 다 같이 회사를 위하는 마음에서 의견을 표명하는 것인데 열띤 논쟁을 벌이다 보면 업무 공통의 목표는 사라지고 감정 대립으로 치닫게 될 위험이 있기 때문이다.

일반적으로 상사는 부하보다 업무를 처리하는 능력이나 안목이 넓다고 봐야 한다. 상사는 오랜 경험과 경륜에 의해 보다 합리적인 의사 결정을 할 수 있기 때문이다.

책임지는 자세가 중요하다

고대 로마의 풍자 시인 푸블릴리우스 시루스는 "해보기 전에는 자기가 무엇을 할 수 있는지 모른다"고 했다.

신입 사원이 상사로부터 지시를 받을 때는 우선 의욕과 적극성을 보여야 한다. 의욕과 적극성을 가지고 다각적으로 판단한 후, 무리한 점이 있다거나 부당한 점이 있다고 생각되면 의욕적인 태도로 자신의 의견을 적극적으로 제안하도록 한다. 이러한 의견 제시는 상사가 보다 정확한 사실을 파악할 수 있는 기회를 만들어주는 것이다. 만약 의견이 상반될 때는 합리적이고 객관적인 방법으로 설득력 있게 이해시키는 노력으로 해결되도록 해야 한다. 정중하면서도 합리적으로 건의했음에도 불구하고 자기 의견이 반영되지 않으면 비록 상사의 지시 내용이 명백히 부당하다 할지라도 불법적인 경우가 아닌 한 일단은 상사의 의견에 기꺼이 협력하도록 한다.

대체로 상사들은 오랜 회사 생활과 경험 등을 통해 부하 사원보다 업무에 대한 안목도 넓고 생각의 깊이도 있다. 따라서 상사의 지시나 업무 방식이 사원들보다 합리적이고 공정할 것이라고 생각하도록 한다. 따라서 상사의 지시는 일단 신뢰감을 갖고 자신 있게 추진한다. 지시에 대해 처음부터 불만을 가지고 시작한다면 일을 추진하는데 있어 흥미를 잃어버릴 수 있다. 그러나 상사의 지시라고 해서 모두 옳고 좋다고 보기는 어렵다. 간혹 좋지 않은 결과도 나올 수 있다. 이럴 경우에는 담당자가 지시를 받고 하는 것이지만 더 나은 대안이나 개선 방향이 있거나 문제점이 발견되면 중간보고를 통해 진행 방법을 수정할 수 있도록 하는 것도 중요하다. 만일 일하면서 '이것은 상사가 지시한 것이니까'라는 안일한 생각에서 시킨 대로 해서 일이 잘못되어 좋지 않은 결과가 나올 때는 담당자로서 책임을 다하지 못했다고 평가받게 된다.

비록 지시받은 사항을 담당자가 창의적인 생각과 의견을 가지고 상사와 충분한 협의하면서 최선을 다해 일을 추진했음에도 그 결과가 잘못되었다면 담당자로서 일을 맡아 추진한 것은 자신이므로 결코 타인에게 그 책임을 전가시키지 않도록 해야 한다. 모든 일에 최선을 다했다면 책임 추궁 등에 연연해하지 말고 당당하게 처신하면 된다. 이러한 실패를 교훈삼아 더 잘할 수 있는 기회가 앞으로도 더 많이 생길 수 있기 때문이다.

    서양인에 비해서 한국 사람들은 공사의 구별이 다소 모호한 단점이 있다. 그것이 잘못되었다고 단정할 수는 없다. 그것은 우리의 오랜 전통과 관습 속에서 생겨난 생활방식과 사고방식이기 때문이다. 그런 이유인지는 몰라도 어떤 경우에는 상사들이 다소 무리하다고 생각되는 개인적인 부탁을 하는 경우도 있다. 물론 아무리 가까운 사이이고 부하라고 해도 무리하다고 생각되는 부탁을 해서는 안 되겠지만, 그렇다고 공과 사를 명백히 한다는 생각에서 무조건 흑백을 따지면서 처리하려고 든다면 오히려 서로가 불편해질 것이다. 따라서 개인적인 관계 등을 고려하여 공과 사를 적당한 선에서 구별하는 것도 중요하다. 개인적인 일을 상사로부터 부탁받았을 경우에는 일의 경중과 소요 시간 등을 감안하여 응답을 하되, 기왕에 해줄 수 있는 것이라면 선뜻 승낙하여 부탁한 사람이나 부탁을 들어주는 사람 모두 기분 좋게 하여 더욱 긴밀한 인간관계를 유지할 수 있도록 하는 것이 중요하다. 그러나 아무리 생각을 해보아도 도저히 불가능한 것은 정중히 거절하도록 한다. 상사의 부탁이라고 해서 무조건적으로 승낙을 한다면 이후에 더욱 큰 곤란을 겪을 수 있다. 또한 다른 생각이 있다면 "○○ 과장님, 죄송하지만 형편상 부탁을 들어드리기가 어려운데, ○○ 씨한테 부탁하면 어떻겠습니까?"라고 상대방이 섭섭해 하지 않도록 대안을 제시하는 방법도 있다. 그러나 중요한 것은 공과 사를 구분하여 신중하게 판단하되 부탁에 대한 승낙 여부를 분명하게 하여 서로 간에 곤란함이 없도록 처신해야 한다.

 ## 타이밍을 잘 맞추고 있는가

"말하기 전에 잘 생각하라. 왜냐하면 말은 성공의 씨앗이 될 수도 있고 실패의 씨앗이 될 수도 있기 때문이다"라고 카네기는 말했다.

상사가 지시한 일은 반드시 그 결과를 보고해야 한다. 그래야 상사는 다음 일을 계획하고 준비할 수 있게 된다. 지시받은 일이 끝났을 때에는 곧 그 결과에 대하여 보고하면 되지만, 만약 일의 과정이 복잡하여 시간이 걸릴 때에는 반드시 중간보고를 하여 진행 상황을 알리도록 해야 한다. 중간보고는 가능한 한 적절한 시기에 자주하도록 하되, 다음과 같은 경우에는 반드시 해야 한다.

- 업무가 완료되기까지 상당한 시간이 걸릴 때

- 상황이 변했을 때
- 업무를 진행하는 데 있어 곤란한 문제가 발생했을 때
- 지시받은 방침이나 방법으로는 진행이 어려울 때
- 결과나 전망이 보일 때

특히 업무에 익숙하지 못한 사람은 아무리 작은 일이라도 자주 보고하는 마음가짐이 중요하다. 보고란 커뮤니케이션의 중요한 수단이기도 하며 자주 보고함으로써 상사와 일에 대한 일체감을 가질 수 있다.

간혹 상사가 상당한 시간이 걸릴 분량의 업무를 지시하면서 빨리 검토해서 보고하라고 독촉하는 경우가 있다. 이런 경우 상사도 물론 시간이 많이 걸린다는 것을 알고 있겠지만 급하게 처리해야 하는 내용이기 때문에 담당 실무자에게 독촉하는 것이라고 생각하도록 한다. 담당자 역시 빠른 시간 내에 보고할 수 있도록 최선을 다해야겠지만 지시 사항을 검토해본 후 짧은 기간 내에 처리하지 못할 문제라고 생각되면 일단 상사에게 보고하고 시기에 대해 사전에 협의하여 차질이 없도록 하는 것이 중요하다.

'○○일까지는 지시 사항에 대해 보고할 수 있겠는데 그 이전에는 어렵겠다'는 것을 이야기하여 상사에게 일정을 정확히 알려주고 거기에 따른 재지시를 받는 것이 중요하다. 아무리 급한 지시라 해도

불충분하고 성급하게 업무를 처리할 수는 없는 것이기 때문에 그만한 사유가 있다면 상사도 공감할 것이다. 특히 이럴 경우에는 반드시 마감일을 준수하여 보고할 수 있도록 해야 한다. 그리고 수시로 중간보고를 통해 상사가 궁금해 하지 않도록 하고 진행 상황에 따라 협의를 계속하면서 업무를 추진한다면 성공적인 업무처리가 될 것이다.

조직에 적응하는 자세

성공은 혼자의 힘만으로는 이뤄지지 않는다. 특히 개인적인 문제와 관련된 사안은 결정을 내리기 전에 반드시 객관적인 의견을 듣고 신중히 고려해야 한다.

칼라일은 "경험은 가장 훌륭한 스승이다. 다만 학비가 비쌀 따름이다"라는 명언을 남겼다. 서양에서는 직업을 'calling'이라고 말하는 경우가 많다. 이것은 '천직을 수행하기' 위해 하느님께서 우리를 이 세상으로 불렀다는 의미에서 나온 말이다.

업무란 살아나가기 위해 필요한 사회적 생산물(상품, 서비스)의 생산에 종사하는 사회활동이다. 그리고 이 업무가 삶의 목표가 되고 사명이 된다면 그것이 바로 천직이다. 비록 같은 일을 해도 목적의식과 의욕을 가진다면 결과는 분명히 달라진다. 따라서 신입 사원이라면 다음의 3가지 철학을 갖고 업무(일)에 임하도록 해야 한다.

첫째, 집중하여 업무에 임한다. 수많은 직업 중에서 선택한 직업이다. 초심을 잊지 말고 매일의 업무를 신념을 갖고 추진하도록 한다.

둘째, 정열적으로 업무에 임한다. 청춘이란 마음이 젊다는 것을 의미한다. 신념과 희망이 넘치고 용기가 솟는다. 날마다 새로운 일을 계속하는 한 청춘은 영원히 그 사람의 것이다.

셋째, 집념을 가지고 업무에 임한다. 업무를 완수하기 위해서는 어려움을 참고 끝까지 포기하지 않는 집념이 중요하다. 기업들은 무턱대고 노력만 하는 사람보다는 문제 해결형의 인재를 원하고 있다. 무조건 노력만 한다고 해서 성과가 오르는 것은 아니다.

굴뚝에서 연기가 나는 공장을 가동하던 옛날에는 땀을 뻘뻘 흘리며 묵묵히 일하는 것을 좋아했다. 그러나 지금은 과거의 거대한 산업에서 가볍고 작은 무동력의 소프트화, 지식 집약화, 시스템화, 서비스화 등의 소프트 산업화가 활성화되고 있다. 앞으로는 '문제 해결형'이나 새로운 것을 창조해 내는 '아이디어 창조형' 업무가 요구된다.

그럼 여기에서 능률과 효율의 차이를 생각해 보자. 먼저 능률은 생산이 중심이고 생산량을 높이는 것이 목적으로, 주로 육체노동이 중심이 된다.
- ••• 현장을 기초로 한 문제점을 개선한다.
- ••• 부분적인 처방이다.
- ••• 과거를 기준으로 현재의 개선을 도모한다.

다음으로 효율은 관리가 중심이고 품질 향상이 주된 목표로 주로 두뇌 노동이 그 중심이 된다.
- ••• 기본적인 모습을 설계하는 것에서부터 시작한다.
- ••• 궁극적으로는 시스템, 디자인을 추구한다.
- ••• 장래 목표에 대해 현재의 달성률을 계획한다.

엉덩이가 무거우면 실패한다

뚜렷한 목표를 정하고 거기에 초점을 맞춰라. 자신이 원하는 것을 알고 그 길을 가고 있다면, 당신은 성공을 향해가고 있는 것이다.

"자신감과 자부심은 인간이 입을 수 있는 가장 훌륭한 갑옷이다"라고 J. K. 제롬은 강조했다. 그리고 "엉덩이가 무거워서는 절대로 경쟁에서 이기지 못한다"라고도 말했다.

최근 기업에서는 젊은 세대들을 가리켜 '지시 대기족' '해주세요형 인간'이라고 말한다. 즐기는 일에는 능력을 발휘하고 적극적이지만 업무에는 소극적임을 일컫는 말이라고 한다. 그리고 규칙은 잘 지키지만 소집단으로 뭉쳐 있어 재미가 없다고도 말한다. 지시 대기형 인간이 되지 않기 위해서는 다음 사항에 유의하자.

- 자신의 일에 비전을 가지고 즐겁고 자발적인 태도로 업무에 임한다.
- 자신이 일의 주인공이 되어야 한다. '작은 일'이라고 해서 결코 무시해서는 안 된다. 작은 일을 만족스럽게 해내지 못하는 사람에게는 중요한 일이 주어지지 않는다.
- '안 됩니다' '할 수 없습니다'라고 부정해서는 안 된다. 비록 일이 어렵더라도 자신에게 주어진 좋은 기회라고 생각한다.
- 다른 사람에게 신세를 지거나 의지해서는 안 된다. '내가 하지 않으면 누가 할 것인가?' 라는 자부심을 갖는다.
- 항상 문제의식과 목표의식을 갖고 업무에 매진하며 창조적이어야 한다.

그리고 직장에서 업무를 추진하는 데 추방해야 할 5가지 '5무無주의'가 있다. 무기력, 무관심, 무책임, 무감동, 무행동으로 이것은 오랫동안 한 직장에서 같은 업무를 하게 되면 이러한 증상이 생기기 쉽다. 따라서 무사안일과 타성에 젖지 않고 의욕적으로 업무에 임하기 위해서는 다음 사항에 유의하자.

- 끊임없이 창조적인 목표를 세우고 한 걸음 한 걸음 달성해 나간다.
- 자신의 업무가 지닌 가치와 비전을 발견하고 평생의 직업으로 삼는다.
- 사물을 올바로 본다. 항상 긍정적인 방향으로 생각하는 습관을 갖는다.
- 소극적이어서는 안 된다. 실패를 발판으로 삼아 성공할 수 있도록 노력한다.
- 의지할 수 있는 것은 자신뿐이다. 강한 인간이 되도록 노력한다. 자립과 독립의 정신을 갖는다.
- 항상 심신의 건강을 유지한다.
- 힘차고 큰 목소리로 말하며 걸음은 빠르게 걷는다.
- 결단력 있고 명쾌하며 과감하고 적극적으로 생활하는 모습을 보이도록 한다.

다음은 업무 태도에 대한 10가지 핵심 내용이다.

- 일은 주어지는 것이어선 안 된다. 스스로 창조해야 하는 것이다.

- 업무는 수동적으로 처리하지 말고 자신이 먼저 나서서 할 수 있도록 한다.
- 가능한 한 큰일을 맡는다. 작은 일은 자신을 작게 만든다는 사실을 명심한다.
- 어려운 일을 목표로 삼는다. 그래야만 성공했을 때 크게 성장할 수 있다.
- 일단 시작하면 목표를 달성할 때까지 절대 포기하지 않는다.
- 남에게 끌려가는 것과 내가 이끌어가는 것은 상당한 차이가 있음을 항상 잊지 않는다.
- 계획을 세운다. 인내와 끈기, 노력을 가지고 장기적인 계획을 세워 실천해 나간다면 희망이 보인다.
- 자신감을 갖는다. 자신감을 잃으면 일에 열정이나 끈기, 흥미도 없어진다.
- 항상 두뇌를 회전시킨다. 다방면에 주의를 기울이며 단 1분의 틈도 있어서는 안 된다.
- 마찰을 두려워하지 말라. 마찰은 성장의 어머니이며 적극성의 재료이다.

조직에서 권한은 창조하는 것이다

"이 세상의 모든 사람이 나보다 훨씬 더 영리하다고 생각하라. 인간은 자기가 요리하기 힘든 사람을 주변에 두려고 하지 않는다. 따라서 겉으로라도 쉽게 요리 당하는 척하라. 그리고 이 세상에 공짜는 없다. 또한 투자하는 것이 없으면 얻는 것도 없다." 이 명언은 진리이다.

신입 사원이 업무를 원활히 추진하여 성과를 올리기 위해서는 권한과 책임 및 책무가 명확해야 하며 또한 이 3가지 균형을 자각하고 업무를 추진해 나가야 한다.

- 권한이란 직무 수행에 필요한 결정, 지시, 행동의 권리이다.
- 책임이란 담당 업무를 수행해야 할 의무이다.
- 책무란 일에 대한 책임과 의무를 말하며 업무를 마무리하고 보고할 의무가 있다.

조직에서 권한에는 플러스 권한과 마이너스 권한이 있다. 플러스 권한이란 비용 절감과 생산성 향상, 업무 개선과 후배 지도 등 회사에 도움이 되는 권한을 말한다.

마이너스 권한이란 교제비 사용, 쓸모없는 인재 고용, 추가 비용

증가 등과 같이 회사에 도움이 되지 않는 권한으로 이러한 권한 행사에 상사는 '노No'라고 말한다. 흔히 책임자가 아닌 경우 일반적으로 '권한이 없다'고 말하지만 사실 틀린 말이다. 말단 직원이라도 만약 "업무 개선을 위해 이러한 계획을 세운다면 30퍼센트의 비용 절감이 가능할 것입니다"라고 플러스 권한을 행사했을 때 받아들이지 않는 상사는 없다. 이러한 좋은 결과가 평가됨으로써 당신에게는 좋은 기회가 찾아온다.

- 권한이란 업무를 공적으로 실행하는 힘이다.
- 권한이란 개인이나 특정 지위에 있는 것이 아니라 직무에 딸려 있는 것이다.
- 직무에 관한 권한과 책임 내용·범위를 명확히 행사한다.
- 권한 행사시에는 결과에 대한 책임을 자각하고 추진해야 한다.
- 권한이 주어지기를 기다리기보다는 능력 확대, 업적 향상을 통하여 스스로 권한을 확대해 나가야 한다.
- 권한은 고정적인 것이 아니다. 주어진 권한은 최대한 사용한다. 모두 사용했다면 새로운 권한을 받는다. 그리고 사용하고 남았다면 반납한다. 상사가 그 일을 커버할 것이기 때문이다.
- 상사의 권한은 가능한 한 위임하고 각자가 자기 완결형 업무를 목표로 한다. 권한을 위임했다고 해서 책임을 회피할 수는 없다.

일에 대해 책임지는 사람이란

"성공에는 대가를 치러야 한다"고 말한다. 하지만 이 말은 잘못되었다. 대가를 치르는 것은 성공하지 못했을 경우이다. 할 수 있는 일을 하지 않았을 때, 성실하게 노력하지 않았을 때 우리는 대가를 치른다. 또 더 잘해보려고 노력하지 않았을 때, 자신의 재능과 능력을 계발하지 않고 방치시킬 때 우리는 대가를 치른다.

나폴레옹 힐은 "실적은 모든 어려움을 잊어버리게 하고 피로를 풀어준다"고 말했다. 기회는 만드는 것이 아니고 노력하는 자에게만 찾아온다.

책임이란 담당 업무를 달성해야만 하는 의무이다. 업무에 대한 의무를 다하기 위해서는 다음 4가지 핵심 내용을 유의하도록 하자.

첫째, 업무를 완수한다. 치밀하게 계획을 세우고, 업무에 대한 지식·기술·정보를 수집한다. 끝까지 열의를 가지고 업무를 기한 내 완수한다.

둘째, 자발적으로 업무에 임한다. 업무의 목적, 회사의 방침과 경영 계획 등을 정확히 이해한다. 조직의 일원으로서 자신의 위치와 역할을 자각하여 행동하며, 일은 스스로 창조하고 재치 있게 행동한다.

셋째, 양심적으로 일한다. 작은 일이라도 소홀히 하지 않는다. 항상 반성과 자기 계발을 게을리 하지 않으며, 업무 결과를 확실하게 검토한다.

넷째, 적극적으로 업무에 임한다. 항상 업무 개선과 성장을 위해 노력하며, 기술을 연마한다. 곤란하고 어려운 일이나 다른 사람이 하기 싫어하는 일을 자진해서 떠맡는다.

자기 업무에 책임을 다하는 것은 기본적으로는 상사를 보좌하고 업무 목적을 달성하는 것이며 결과적으로 성과와 승진으로 연결되는 것이다.

일을 통해 성과를 올려라

인생에는 공짜가 없다. 무엇인가를 이루고자 한다면 시간과 노력을 투자해야 하고 인내심을 키워야 한다. 충분히 노력을 기울인 사람만이 귀중한 것을 가질 수 있다. 목표를 달성하고 꿈을 실현시키면 그때는 더 이상 대가를 치르지 않아도 된다. 아니, 보상을 받는다. 성공은 대가를 치르는 게 아니라 상을 받는 것이다!

어떤 일이든 일은 시작도 중요하지만 마무리도 매우 중요하다. 경쟁 상대는 라이벌이 아니라 바로 자기 자신이란 점을 자각한다.

업무를 창조적으로 추진하기 위해서는 다음과 같이 일하도록 하자.

첫째, 업무계획을 세운다.
- 업무의 목적을 확실하게 파악한다.
- 그 일에 대한 정보 및 업무 내용 · 질과 양 · 진행 방법 · 기간 등의 세부적인 실행 계획을 만든다.

둘째, 업무는 창조적으로 추진한다.
- 담당 업무에 대한 책임과 권한을 명확히 한다.
- 업무의 우선순위를 결정하고 의욕적으로 실행한다.
- 업무는 경제성 · 정확성 · 신속성 · 안정성 · 표준화 · 매뉴얼화 등을 고려하여 실행한다.
- 업무의 기능 향상이 중요하다. 독창성을 충분히 발휘하여 생산성 있는 업무를 한다.

셋째, 결과를 검토한다.
- 계획과 실적을 충분히 검토하면서 차이를 발견한다. 눈앞의 일에서부터 구조적인 문제까지 모두 파악해야 한다.
- 차이의 원인을 분석 · 규명하고 대책을 강구한다.
- 결과를 다음 계획으로 입안하고 개선의 발판으로 삼는다.

넷째, 생산적인 업무 처리 순서로 이때는 사실에 입각하여 원칙적으로 체계를 잡아 나간다.

- 목적을 명확히 하고 일의 목적·사명과 목표·방침을 이해한다.
- 조사를 통해 정보를 수집한다. 관련 사항을 종합적으로 파악·분석·정리한다.
- 공통점을 발견한다. 복잡한 상황에서도 공통점을 찾아낸다.
- 원리 원칙에 맞춰본다. 과거의 법칙성·원리·정석 등과 비교한다.
- 이론적으로 추리한다. 과거의 경험과 비교했을 때 어떠한가를 분석한다.
- 실험한다. 필요에 따라 반복된 테스트를 거쳐 데이터를 수집한다.
- 결정한다. 사실을 분석·종합하여 판단을 내린다.
- 적용한다. 이것으로 만족한다고 생각되면 적용하여 실행한다.

다섯째, 업무 목적과 목표를 숙지해둔다.

- 업무 목적은 기업의 사회적 책임과 경제적 이윤을 달성하는 데 있다.
- 업무 목표는 '달성 기간과 수준을 계량적으로 나타낸 것'이다. 따라서 부여된 업무는 계량적 목표에 맞추어 계획을 입안

하고 구체적으로 추진한다.
- 5W 1H에 따라 계량적 목표를 확실하게 파악하고 최대한 오차 없이 실행한다.
- 상사의 기대(달성 수준)를 넘어서 생산성 높은 결과를 냄으로써 새로운 기획을 잡을 수 있게 된다.

여섯째, 오늘 일은 오늘 마무리한다. 그날의 업무는 '해가 지기 전까지 마무리한다'라고 자신에게 시한을 정하고 일에 임한다.
- 모든 업무는 계획 입안을 할 때 달성 기간을 명확히 설정한다.
- 오늘 할 일을 내일로 미루지 않는다. 반드시 종결을 지어야 한다.
- 일을 방치해두지 않는다. 일할 때는 언제나 '완결주의' 자세로 임하고 필요한 보고를 한다. 내일의 업무 진행 절차까지 확인하고 나서 퇴근한다.

일곱째, 업무 목표를 최대한 숫자화 한다.
- 무엇을What : 업무의 종류, 성격, 내용, 특징, 수량, 종목, 브랜드
- 왜Why : 목적, 목표, 배경, 필요성
- 언제When : 착수 시간, 완성 시기, 임시적인가, 정기적인가
- 어디서Where : 장소, 위치(옥내·옥외·국내·국외)
- 누구와Who : 상대, 담당, 단수·복수의 사람, 사내·사외의

사람, 고객, 부하·동료, 선배·후배·협력자

- 어떻게How : 수단, 방법, 테크닉, 달성 기준, 달성 목표치, 수량, 완성도, 기대치

Chapter 03

도전이란 무엇인가

성공에는 도전이 있다 ● 역경을 이겨내는 돌파력 ● 세상을 보는 지혜가 필요하다 ● 과거의 성공에 얽매이지 마라 ● 전문화에서 파워가 생긴다 ● 도전으로 성취한 성공을 체험하라 ● 선견력과 행동력이 성공을 부른다 ● 열정과 도전정신이 중요하다 ● 끈기 있게 약점을 극복하라

성공에는 도전이 있다

　성공하기 위해서는 야망이 커야 한다. 원대한 무엇인가를 간절한 마음으로 열망해야 한다. 그러나 야망은 행동으로 옮기기 전에는 욕심이고 희망사항일 뿐 아무 의미가 없다. 어떻게 할 것인가를 먼저 결정하라. 무언가를 이루고자 하는 강한 열망, 여기서 성공을 향한 첫 도약이 시작된다.
　마음속에서 타오르는 야망이 추진력이 되어 자신을 몰고 갈 때, 거기서 상상조차 못했던 강력한 힘과 활력이 나온다. 또 그 힘으로 좌절감을 딛고 성공할 수 있다. 대체로 사람들은 기분에 따라 기분이 좋으면 모든 것을 좋게 보고 반대인 경우는 다른 사람이 봐도 기분 나쁘게 행동하는 경향이 있다.

심리학자이자 철학자인 윌리엄 제임스는 이렇게 말했다. "행동은 감정에 따르는 것 같지만 실제로 행동과 감정은 병행한다. 따라서 인간의 의지보다 직접적인 통제 하에 있는 행동을 조정함으로써, 인간은 의지의 직접적인 통제 하에 있지 않은 감정도 간접적으로 조정할 수 있다. 만일 유쾌한 상태가 아니더라도 기분을 유쾌하게 만드는 최상의 방법은, 이미 유쾌한 것으로 행동하고 말하는 것이다."

K 사장은 매일 아침 "야, 신난다. 오늘도 좋은 아침이다. 힘차고 즐겁게 생활하자"라고 생각하며 일어나 하루를 시작한다. 그리고는 쾌활하게 웃는다. 조깅을 하면서도 "나는 행복하다. 나는 프로다. 나는 최고다"를 외친다. 출근하면서도 콧노래를 부르며 상쾌한 음악을 듣는다. 사무실로 들어서면 K 사장은 반갑게 온몸으로 직원들에게 인사를 한다.

"좋은 아침입니다. 즐거운 날입니다. 오늘도 힘차게 일합시다."

아침부터 활기가 넘친다. 모두들 기분 좋게 일하게 된다. 진정으로 성공을 목표로 하는 사람이라면 건강이 얼마나 중요하고 고마운 것인가를 알 것이다. 성공을 향해 온 힘을 쏟고 싶은데 몸이 말을 듣지 않는다면 얼마나 애석한 일인가. 건강은 성공의 전제조건이다. 건강한 몸을 만드는 첫걸음은 건강한 정신에서 비롯된다. 건강을 관리하지 못해 생길 수 있는 일들을 충분히 유념하고 "나는 건강하게 나 자신을 관리하겠다"는 굳은 신념을 갖도록 한다.

미국의 어느 유명한 프로야구 선수는 "내가 홈런을 친 것은 공을 던지는 투수의 동작을, 공을 친 자신의 동작을 바라보고 있는 또 한 사람의 자신이 있기 때문이다"라고 했다. 그는 또 한 사람의 자신을 스스로 만들어낸 것이다.

아침에 일어났을 때 거울 앞에 서서 오늘 하루의 목표를 세우고 큰소리로 외치면서 자기 자신의 통제자로서 자신에게 약속하는 것도 좋다. "오늘은 이 만큼은 실행한다. 나는 뛰어난 능력을 가지고 있지만 보다 큰 능력이 발휘되도록 하자!"

그리고 저녁 잠자리에 들기 전에도 역시 거울 앞에 서서 오늘 아침의 맹세가 어느 정도 실행되었는지를 확인하고 자신과 또 한 사람의 자신을 일체화시킨 후에 쉬도록 한다.

무언가를 하고자 하는 마음을 다지려면, 우선 "이건 내가 하고 싶은 일이다"라는 자기암시를 거는 것이다. 결코 비관하시 않도록 한다. 비관은 미래의 행복을 갖지 못하게 한다. 따라서 정말 하고자 하는 긍정적인 마음을 갖게 되면 그에 따라 실현하고자 하는 의지도 생겨나게 된다.

버나드 쇼의 "문제란, 문제라고 생각하기 때문에 문제인 것이고, 문제화할수록 문제다"라는 말처럼 비관적인 생각으로 없는 문제를 만들어서 고민할 것이 아니라 주어진 하루하루를 충실하게 보내다 보면 성공에 이르는 문이 열리게 된다.

"세상엔 세 가지 종류의 사람이 있다. 꼭 필요한 사람, 있으나 마나한 사람, 없으면 좋은 사람, 그러니 꼭 필요한 사람이 되라."

지금의 중년 세대가 학창 시절과 신입 사원 시절 귀가 따갑도록 듣던 말이다. "한 우물을 파라. 직장을 세 번 이상 옮기면 죽도 밥도 안 된다"라는 말도 숱하게 들었다. 매달 월급을 주는 회사에 다니는 것만으로도 행세할 수 있어서였을까. 1960~1970년대는 물론 1980년대까지 한국의 직장인들은 꼭 필요한 사람이 되고자 물불을 가리지 않고 일했다. 여기저기 옮기다 낙동강 오리알처럼 될까봐 웬만하면 직장도 옮기지 않았다. 회사가 명령하면 하늘이 두 쪽 나더라도 해야 하는 걸로 알았기 때문에 퇴근 5분 전에 불러 세워도 군말 없이 따라나섰다.

"불가능은 없다. 하면 된다"라는 구호 아래 야근과 휴일 근무를 밥 먹듯 하고, 달랑 여권 하나 들고 지구를 돌며 뭐든지 팔러 다녔다. 회사와 개인의 생존을 떼어 생각하지 않고 회사의 성장이 자신의 성장이라고 믿었다. 한강의 기적은 이들의 의지와 열정에 힘입은 것과 다름없다고 할 수 있다.

그런데 지금의 젊은 세대는 다르다. 그 때문인지 무한 경쟁시대에 살아남기 위한 극약처방으로 금융, 건설, 통신업체 할 것 없이 신입 사원들에게 지옥훈련을 방불케 하는 극기훈련을 시키는 회사도 있다. 또한 야간 행군과 무박 등산을 실시하는가 하면 사다리를 타고 공장의 굴뚝과 원유 저장탱크에 올라가게 하기도 하고 아예 해병대를 본뜬 훈련 캠프에 보내기도 한다는 것이다.

이런 육체적인 훈련 외에도 농산물 직접 팔기, 콜센터에서 고객 전화를 직접 받고 처리하기, 도미노 쌓기, 회사의 과거·현재·미래를 각색해 뮤지컬로 공연하기, 사내에서 발생 가능한 상황을 드라마로 만들어 보기 같은 과정도 있다. 어느 것이든 곱게 자라 유약한 젊은 세대의 직원들에게 인내심과 끈기, 단결력을 키우기 위한 방법임에 틀림없다.

처음엔 너무 힘들어 회사를 그만둘까 생각하던 사람도 주위의 격려 속에 과정을 마치면 성취감과 동료애를 느끼는 동시에 '할 수 있다'는 자신감을 갖게 된다고 한다. 불황의 시대에 어울리는 풍속이라 하겠다. 안타깝지만 이렇게 해서라도 우리의 성장 동력이 되살아날 수 있었으면 싶다.

역경을 이겨내는 돌파력

평상시에는 그다지 실적이 뛰어나지 않던 사람이 불가능하다고 생각했던 어려운 난관을 돌파하여 주위의 사람들을 놀라게 하는 경우가 있다. 반대로 틀림없이 할 수 있으리라고 생각한 사람인데도 도전에 실패를 하는 경우가 있다. 이런 경우 흔히 운이 나빴다고 말하지만 여기에는 심리학적인 이유가 있다.

자신의 능력은 충분히 뛰어나지만 의외로 큰일을 할 때 실패하는 사람이 있다. 그 능력이 충분히 발휘되지 못한 것이다. 이러한 사람은 실패를 통해 자신을 컨트롤하는 방법을 익히면 자신의 능력을 발휘해야 할 때 실패하지 않고 성공할 수 있게 된다.

이처럼 자기감정을 컨트롤하는 것을 심리학에서는 '욕구불만 내성耐性'이라고 한다. 이것은 평소에 실패나 실수 등의 경험에 의해서 만들어지는 것이다. 그러나 언제나 성적이 우수하고 실수가 없었던 사람은 이러한 내성이 숙달되어 있지 않기 때문에 사소한 것에서도 감정이 쉽게 흐트러지게 된다. 어리광을 부리며 자랐던 아이들이 감정을 스스로 조절하지 못하는 것이 바로 그 예다.

아무리 원대하고 장기적인 계획을 세웠다 할지라도 눈앞의 잡다한 일들이 마음에 걸리는 경우가 많다. 장기적인 계획에 맞춘 일보다는 당장의 문제가 마음에 걸리는 경우도 있을 것이며 편지의 답장이나 병문안 등 사소한 일에 신경이 쓰이게 되는 것이다.

이것은 심리학적으로 볼 때 상당한 마이너스가 된다. 미국의 펜실베이니아대학 교수인 스톡 박사는 뭔가 하지 않으면 안 된다는 의무감에서 생겨나는 긴장이 노이로제와 관계되는 정신상태의 첫 번째

원인이라고 강조하고 있다.

따라서 이러한 상태에서는 아무리 잡념을 떨쳐버렸다고 하더라도 학습 능률은 오르지 않는다. 그런데 능률을 떨어뜨리고 있는 원인이 눈앞에 있는 사소한 일이라는 것을 깨닫지 못하는 사람이 의외로 많다. 눈앞의 사소한 문제가 마음에 걸리는 이상 그것부터 빨리 처리해야 한다.

영국의 유명한 철학자 버트런드 러셀은 뭔가 어려운 문제에 관하여 글을 쓸 필요가 있을 때 많은 시간을 들여 필사적으로 고심했는데도 좀처럼 글이 써지지 않으면 "그만둬 버려라"라고 자신에게 명령을 내리고 깨끗이 잊어버리는 습관을 가지고 있었다고 한다. 그리고 몇 달이 지난 다음, 그 문제를 다시 들춰 보면 의외로 쉽게 생각이 나서 다시 글을 쓸 수 있었다고 한다.

의식에서는 완전히 지워버렸지만 사실 그의 잠재의식이 계속 활동하고 있어서 문제해결의 방향으로 이끌어 주었던 것이다. 이 기법을 발견하기 전에는 아무리 해도 생각이 나지 않아서 여러 가지로 고민을 하게 되어 같은 문제를 가지고 수개월 동안을 헛되이 보낸 일이 있었다고 한다. 러셀과 같이 수개월까지는 안 가더라도 아무리 해도 풀리지 않는 문제를 놓고 자신을 괴롭히는 것보다는 일단 그 난감한 상황에서 신속하게 탈피하는 것도 하나의 방법이다. 그러면 자기도 모르는 무의식의 세계에 문제를 내던지게 되는 것이며 얼마

안 가서 그것을 다시 돌이켜보면 "아! 그랬던가" 하고 문제를 해결할 수 있다.

모든 것이 완벽하게 갖춰진 환경에서 공부할 수 있는 사람은 그다지 많지 않을 것이다. 또한 모든 것이 다 갖춰졌다고 반드시 공부를 잘하게 되는 것도 아니다. 예를 들면, 아르바이트로 학비를 버는 학생은 대체로 부모님에게 학비를 받아서 쓰는 학생보다는 성적이 좋은 편이다. 동서고금의 위인들을 보더라도 가난한 가정에서 성장한 남자들이 많다. "나에게는 소음이 필요하다"라고 말한 아나톨 프랑스나 "항구의 잡음이 내 시작詩作을 도와준다"라고 한 바르디와 같이 오히려 주위가 복잡한 것을 원하는 사람도 있었다.

물론 어떤 환경이 정말 공부하는 데 도움이 되고 어떤 환경이 방해가 되는가를 판단하는 것은 어렵다. 다만 본인이 자신의 환경을 받아들이는 태도에 따라 달라진다. 그러나 적어도 일반적으로 좋지 않다고 생각되는 조건이 의외로 학습 의욕을 불러일으키는 데 도움이 되는 경우가 많다. 시간이 너무 많은 사람보다는 오히려 시간 부족한 쪽이 시간 활용을 더 잘한다. 또한 역경을 극복하는 정신력이 공부하는 정신력과 서로 동화될 수 있다.

세상을 보는 지혜가 필요하다

　　　　　　세상을 보는 지혜를 한마디로 표현하자면 '정확한 선견력先見力'을 갖추는 안목을 키우는 일이라고 할 수 있다. 그렇다면 과연 선견력을 어떻게 개발할 것인가? 선견력은 결코 전문가들만의 고유영역이 아니다. 우리들 주위에서도 이와 같은 선견력이 필요할 때가 많다.

　예를 들자면, 기업 CEO가 사업계획을 수립할 때, 개인이 자신의 인생계획을 세울 때 또는 부모가 자녀의 장래를 위하여 교육계획을 세울 경우 등은 모두 탁월한 선견력을 발휘하지 않으면 안 된다. 또한 비즈니스, 신규 투자, 교육, 승부의 세계에서도 모두 정확하게 앞을 내다보고 신속하게 상황에 대처할 수 있는 사람만이 인생을 성공적으로 경영할 수 있다.

　비슷한 예로, 우리들은 자가용을 타고 다니게 되면 항상 교통 상황을 예측해야 한다. 출근길 지하철 안에서는 다음 역에서 누가 내릴 것인가를 예측해야 앉아 갈 수 있다. 따라서 우리들은 생활 속에서 항상 일상적인 일들을 통해서 앞을 내다보는 작업을 계속하고 있는데, 여기에는 곧 데이터, 패턴, 경험, 감각 등의 수단이 사용되고 있는 것이다. 선견력이야말로 성공의 필수조건이란 것은 동서고금을 통한 수많은 사례가 이를 증명하고 있다.

시대는 빠르게 변하고 있다. 역사에서도 각 시대가 요구하는 빠른 변화의 모습은 늘 존재해 왔다. 상품도 기술도 빠르게 변하고 있다. 유행도 마찬가지이다. 시대의 변화를 신속하게 간파하면서 그 시대를 앞서가야 하지만 이것이 말처럼 쉬운 일은 아니다. 새롭고 유망한 기능을 숙달하고 있거나 또는 적절한 제안과 개선책을 제시해주는 사람들을 우리 흔히 '지혜롭고 선견력이 있는 인물'이라고 평가하고 있다.

지금 내 앞에서 어떤 일이 일어나고 있는가? 그리고 앞으로 어떠한 분야가 성장할 것이며 또 어떤 분야가 사라질 것인가? 지금 당신 앞에는 수많은 결단의 시간들이 거미줄처럼 촘촘히 펼쳐져 있다. 그리고 그에 따른 당신의 선택은 당신이 세상의 흐름을 제대로 읽는 사람인지 아닌지를 가늠해준다.

자신이 일하고 있는 이유는 특정한 회사의 특정한 업무 때문이 아니라 자기계발과 인생의 창조를 위해서라는 자각이 중요하다. 인생의 목표는 일회성이 아니라 장기적이고 지속적으로 경영하는 것이 중요하며, 그것이 인생의 창조인 것이다.

자신의 능력을 계발한다는 것은 20~30대부터 정년까지의 인생에서 불확실성을 제거하기 위한 것이다. 직장인들은 단순히 돈을 벌기 위한 직업이 아닌 '일을 갖는다'고 하는 의미가 보다 더 중요하다. 자신의 인생을 어떻게 보낼 것인가? 인생이라는 프로그램은 자신이 직접 만들지 않으면 안 된다.

 **과거의 성공에 얽매이지 마라**

흔히 직업에는 귀천이 없다고 하지만 현실적으로 보면 직업에는 귀천이 있다. 화이트칼라는 품위가 있는 직업인 반면, 블루칼라는 천하고 지저분한 직업으로 인식되어 온 게 사실이다. 이는 모두 잘못된 고정관념에서 비롯된 것이다.

삼미그룹 부회장이었던 서상목 씨가 호텔 웨이터를 한다고 해서 장안의 화제가 된 적이 있다. 비록 부도가 났지만 그래도 한때 대기업을 경영했던 점을 감안하면 쉽지 않은 결심이었을 것이다. 하지만 정작 본인은 이런 일들을 당연하게 받아들였다. 그 자신은 "이제 나는 대기업 부회장도 아니고 아무것도 아닙니다. 그런데 전부터 하고 싶던 웨이터를 하는 것이 나로서는 당연하고 다행스러운 일이 아닌가요?" 하며 아무렇지도 않은 표정이었다. 또한 그는 "이제는 직업에 대한 고정관념을 버려야 할 때"라는 충고도 아끼지 않았다.

최근 실업자가 200만 명으로 늘어나는 와중에도 정작 3D 업종에서는 일손이 모자라 공장이 돌아가지 않는다고 한다. 또 가끔 찾아오는 실직자들도 이전과는 다른 열악한 환경에 하루를 채 버티지 못하고 떠나버린다고 한다. 이런 식으로는 언제까지나 실업자 신세를 면할 수 없다. 어떤 일이라도 시켜만 주면 하겠다는 인식의 전환이 필요하다. 어느 시사 코미디프로그램의 한 제목처럼 "내가 왕년에 누구였는데…"라는 생각으로는 불황의 한파에 휩쓸리기 십상이다. 고정관념을 깰 때 당신은 자신 앞에 높인 어떤 장애물도 쉽게 넘을 수 있게 된다.

다른 사례를 들어보겠다. 피터 드러커가 스물네 살 때의 일이다. 보험회사에서 증권분석사로 일하던 그는 능력을 인정받아 작은 은행의 파트너 비서로 스카우트됐다. 어느 날 파트너가 불러 "일을 못한다"고 야단을 쳤다. 억울해 하는 드러커에게 그가 말했다. "증권분석사 시절처럼 일하는 게 잘못이다. 새로운 직무에서 효과적인 사람이 되려면 무엇을 해야 하는지를 먼저 생각하라"고 했다.

드러커는 자신의 인생을 바꾼 일곱 가지 경험 중 하나로 이 일을 소개하며 과거에 유능했던 사람이 갑자기 무능해지는 이유를 "과거의 성공 방식에 얽매여 있기 때문"으로 분석했다. 정말 해야 할 일을 찾지 못하고 부적절한 일을 계속하고 있으니 실패할 수밖에 없다는 것이다.

회사에서 누구는 부장감이고, 누구는 사장감이란 말을 하는 건 이 때문이다. 새로운 직급으로 승진하면 과거에 자신을 성공으로 이끌었던 비결을 잊고 처음부터 다시 시작해야 한다. 그래야 그 직급에 걸맞은 새로운 일을 찾을 수 있고 새로운 성공 모델을 만들어 갈 수 있다.

회사를 나와 창업한 사람들이 버리지 못하는 것도 바로 '과거'다. '대기업의 부장까지 지냈던 것'은 자랑이나 밑천이 못 된다. 혹 된다고 해도 남들이 평가해줄 일이지 자신이 그렇게 생각하는 건 미련일 뿐이다. 사업에 필요하다면 새벽부터 몸으로 때울 수도 있어야 하고, 시장에서 물건 값을 놓고 싸울 줄도 알아야 하고, 대기업 말단 사원에게도 고개를 숙일 수 있어야 한다.

기업이라고 다를 게 없다. 경제위기 때 망한 기업들은 주로 과거의 방식으로 안이하게 대처했던 기업들이다. 돈 되는 것도 팔아야 할 판에 빚더미에 놓인 사업체를 늘려 대출을 더 받으려 했던 회사들이 적지 않았다. 그런 회사들은 망했다. 지금이 어떤 시기인가? 경제위기를 벗어나 새로운 성장 잠재력을 확충하는 시기로 보는 것이 정확하다. 따라서 구조 조정기의 성공 경험도 잊을 수 있어야 한다.

남아도는 인재를 '싼값'에 채용할 수 있는 절호의 기회인데도 인건비가 부담이 돼 눈치만 본다. 새 기회가 있어도 남들이 먼저 뛰어들기 전까지는 구경만 한다. 위기를 그런 방식으로 넘겼으니 그 방법이 제일 안전하다고 믿는 것이다. 위험 회피risk averse의 생존법에 대해 위험감수risk acceptant라는 기본 정신을 가다듬을 시대이다.

전문화에서 파워가 생긴다

"소심하고 내성적인 여자도 최고의 리더가 될 수 있다."

광고업계에서 여성 임원으로 잘 알려진 제일기획 최인아 상무가 말하는 여성 리더십 키워드다. 우리나라 여성 공직자의 리더십을 분석한 책으로 주목받은 박통희 이화여대 행정학과 교수와 그 제자들이 이번엔 민간 기업에서 성공한 여성 전문가의 리더십을 분석했다. 이 연구 논문은 이화여대 '사회과학연구논총'에 실렸다.

최인아 상무는 1980년대 평사원으로 출발했다. '그녀는 프로다. 프로는 아름답다(베스띠벨리)'라는 카피로 알려지기 시작했다. '빨간색이 좋아져요(홍삼원)' '당신의 능력을 보여주세요(삼성카드)' 등 수많은 카피를 히트시킨 카피라이터이자 삼성그룹 최초의 공채 출신 여성 임원이 된 그를 통해 기업에서 여성이 발휘할 수 있는 리더십 특징을 살펴보자는 것이다.

연구자들이 분석한 최인아 리더십의 핵심은 '성과를 최우선으로 하는 여성적 프로페셔널리즘'이다. 남성 중심의 직장문화를 공격적 방식이 아닌 합리적이고 점진적 방식으로 바꿔온 점과 인간관계보다는 성과로 승부하는 전략을 구사했다는 점이 특징이다. 신입사원 시절 기꺼이 커피 심부름을 했다는 대목도 인상적이었다.

최인아 상무가 부하들과 맺는 '이중적' 관계는 "권력은 전문성에서 나온다"는 말을 실감케 했다. '차갑다'는 평을 들을 만큼 사사로운 개인 사정을 봐주지 않는 그는 오로지 업무 중심의 인간관계를 추구한다. 대신 비권위주의적이다. 별명이 '조곤조곤'일만큼 강압이 아닌 부드럽게 접근하여 대화하는 방법을 선호하고 목소리가 크지 않으면서도 집요하게 설득한다. 부하 직원이 큰 실수를 저지를 경우에도 '큰소리'를 내기 전에 차분히 대안부터 마련한다.

최인아 상무의 성격이 "내성적이고 비사교적이어서 인간관계의 폭이 좁다"는 점은 가장 주목할 만하다. 최인아 리더십을 분석한 박 교수는 "리더십은 곧 카리스마라는 기존 선입견을 무너뜨렸다"며 "여성들이 기존의 남성 중심 리더십 스타일에 좌우되지 말고 자신의 개성과 일의 영역에 따라 얼마든지 리더십을 계발할 수 있다는 점을 보여준다"고 강조했다.

"직장인은 죽었습니다. 더 이상 전통적인 의미의 샐러리맨은 존재하지 않지요. 자기 내부의 조직인간적인 속성을 제거하고 부활해야 합니다. 이제는 스스로 CEO처럼 생각하고 행동할 때입니다."

변화경영 전문가 구본형 씨는 그의 저서에서 "'조직인간'으로부터 벗어나 자신만의 브랜드를 창조함으로써 삶의 후반부를 새롭게 시작하라"고 강조한다. 직장인들에게 구조조정 시대를 앞서가는 변화경영을 일깨워주는 말이다.

지시하는 것만 수동적으로 일하는 직장인들, 그들은 결국 정리해고로 떠나거나 그렇게 떠난 동료들의 일까지 떠맡아 두 배로 일을 하지만 일의 즐거움은 반으로 줄어들 수밖에 없다.

그러면 어떻게 할 것인가. 그는 '고용당한다'는 개념을 없애고 스스로를 고용하는 방법밖에 없다고 강조하고 있다. 그러면서 구본형식 1인 기업 모델을 강조한다. 자신을 해당 직무의 개인사업가로 생각하면 모든 게 달라진다는 것이다. 총무부에 고용된 직원이라고 여기지 않고 1년간 회사와 계약을 맺고 총무서비스를 담당하게 된 1인 기업 사장이라고 생각한다. 더 이상 영업사원도 없다. 판매 대행 서비스 계약을 체결한 경영자다. 이들은 자신을 적극적으로 세일즈한다. 의무감보다 즐거움으로 일하고 자신이 기업에 속한 직원이 아니라 기업의 파트너라고 생각한다. 기업이 독자적인 브랜드를 만들어내듯 개인도 자신의 브랜드를 창조하는 것이다.

회사 입장에서도 강점으로 무장한 직원들의 성과를 경영에 직결

시키는 것이 경쟁력 강화의 지름길이다. 그런데 변화를 방해하는 걸림돌은 늘 자기 자신이다. 여태까지의 나, 고정관념 속의 직장인, 나태한 과거의 자신을 죽이는 것이 개인혁신의 출발이다. 그래서 그는 플러스 요소만 빼고 모든 것을 버리라고 조언한다. 버리고 비우는 법을 터득하면 얻고 채우는 법도 배우게 되는 것이다. 그는 스스로 이를 입증해 보이고 있다. 별도 사무실도 없고 직원도 없다. 휴대전화 하나, 홈페이지, 이메일 주소가 전부다. 자신이 경영자요 전문가이며 스스로가 매출의 원천이고 자원이다. 그의 기업이 하는 일은 '미래를 창조하는 개인과 기업을 돕는 사업'이다.

이 책에는 실업의 불안에서 적극적으로 삶을 개척하는 자기고용법, 무기력한 직장인에서 '1인 기업가'로 환생하는 열정 발견법, 새로운 나로 거듭나는 3년간의 자기계발 프로젝트 실천법까지 담겨 있다.

저자의 하루는 22시간이다. 나머지 2시간은 양보할 수 없는 자기만의 시간이며 누구도 침범할 수 없는 자기계발 시간이기 때문이다. 자신에 대한 투자는 미래의 인생에 있어 깊이와 넓이를 결정한다.

어떤 일이든지 그것을 아주 잘하면 누구에게든 돈과 명예가 따라온다. 학벌이 신통치 않아도 명인이 된 사람들은 많다. 그들도 한때 아주 가난했을 것이다. 좋아하는 일에 최선을 다하다 보니 세월이 성공을 만들어준 것이다.

 **도전으로 성취한 성공을 체험하라**

요즘 생긴 신조어 가운데 '낙바생'이란 게 있다. 낙타가 바늘구멍을 통과하듯 어렵게 취업한 졸업예정자를 뜻하는 말이다. '강의 노마드족(전공과목 외에 토익·취업 강좌 등을 찾아다니는 학생)'이나 '토페인(토익 폐인)' 등의 신조어도 청년 실업의 심각성을 보여주는 말이다. 이처럼 취직하기가 어렵다고 하지만 남녀 경계의 벽을 뛰어 넘는 역발상으로 취업에 성공한 이들이 있다. 남녀의 일자리는 무릇 따로 있게 마련이라는 사회의 고정관념을 시원하게 깬 젊은이의 사례다.

"의사 선생님들과 함께 사우나를 갈 수 없는 게 좀 아쉽죠. 그것 말곤 남자 영업사원이 조금도 부럽지 않아요."

한국화이자제약 영업부 유호정 씨, 대학원에서 생물학 석사까지 마친 그녀가 제약회사 영업직에 도전하겠다고 했을 때 부모는 물론 주변에서 기겁하며 말렸다. 술자리가 잦은 데다 약을 많이 팔기 위해 온갖 궂은일을 다해야 하는 직업으로 알고 있었기 때문이었다. 그녀를 아는 남자 친구들은 "술 먹고 싶어 미쳤냐?"며 놀렸다고 한다. 다들 말렸으나 오기가 발동했다. 성격이 활달했던 그녀는 사람 대하는 일을 하고 싶었다.

당시에 담당 팀장, 인사부장, 부사장까지 3차에 걸친 면접부터 간단치 않았다. 업계 상황에 대해 술술 말하는 다른 지원자들에 비해 유 씨는 기본적인 지식조차 없었다. 그러나 자신감 하나로 밀어붙였다. "대학원에서 공부만 하던 사람이 어떻게 영업을 하겠느냐?"는 면접관의 질문엔 "공부만 했기에 배우는 건 자신이 있다. 앞으로 모든 것을 스펀지처럼 빨아들이겠다"며 맞받아쳤다고 한다.

외국계 회사라서 그런지 영업 방식이 듣던 것과 달랐다. 술 접대는 거의 없었다. 대신 의약 성분, 최근 학계 소식 등 정보를 제공해 의사들에게 신뢰를 쌓으라고 가르쳤다. 영업 첫날 병원에서 만난 한 의사는 인사조차 받지 않았다. 이름을 묻자 이 의사는 "두 번 볼 일 없을 텐데 뭐하러 묻느냐?"며 핀잔만 줬다. "저 사람에게 얘기하라"고 해 명함을 건네니 컴퓨터 수리공이었다. 그럴수록 더 독하게 마음먹었다. 아침에 샌드위치를 들고 찾아가 인사하고 주말에는 학회 행사까지 따라갔다.

여성이어서 오히려 유리한 면도 하나둘 보이기 시작했다. 얼굴을 익힌 교수들은 별 거부감 없이 맞아 주고 "여성이라 그런지 조목조목 설명도 잘한다"며 칭찬까지 했다. "아직도 제약업계 영업직에는 남성 중심의 문화가 배어 있습니다. 그러나 자신감만 가진다면 여성이 더 유리한 분야라고 확신합니다." 그녀는 "여자 후배에게 추천하고 싶다"라고 자신감 있게 말했다.

우리의 삶은 시행착오의 연속이다. 우리는 학창 시절에 선생님에게서 많은 것을 배운다. 그리고 배운 것을 실행해본다. 처음에는 그리 좋은 결과가 나타나지 않을 것이다. 그래서 다시 해본다. 다시금 여러 번 반복함으로써 솜씨가 점점 더 좋아진다. 다음번에는 좀더 어려운 시도를 해본다.

성공했을 때 결과는 더욱 좋아지고 잘했다는 만족감이 보상으로 주어진다. 따라서 이전에 나타난 결과보다 좀더 나은 결과를 위해, 자신의 경쟁자가 거둔 성과에 대비시켜 보면서 점차 시야를 넓히고 완성도를 높이는 일을 주력해야 한다. 도전정신을 가지고 더 힘들고, 더 크고, 더 어려운 문제에 재도전하도록 한다.

그리고 성공하면 장애물의 단계를 하나 더 높인다. 실패한 경우에는 물러서서 기술과 방법상의 문제를 검토하고 개선시켜 다시 도전한다. 성공과 실패는 동전의 양면같이 맞물려 있는 것이다. 따라서 성장과 성숙은 실패를 경험함으로써만이 얻을 수 있는 것이다.

선견력과 행동력이 성공을 부른다

"아, 그때 그렇게 할 걸!" "더 좋은 기회가 있지 않을까?" "손해를 보면 어쩌지?" 의심과 후회, 망설임으로 지리멸렬해진 삶. 버스가 지나간 뒤에는 손을 흔들어도 아무 소용없다는 것은 불변의 진리다. 기회를 기다리고, 마땅한 동기를 찾고, 위험을 피하려고 잔머리를 굴리다 보니 세월은 흐르고 남은 것은 빈주먹뿐이다.

똑똑한 사람은 넘쳐 나고 있는데 왜 누구는 성공하고 누구는 낙오될까? 집에서 편안히 택배를 주고받는 것이나 컴퓨터 앞에 앉아 책을 사는 모습을 상상했던 사람이 오직 페덱스의 프레드 스미스나 아마존닷컴의 제프 베조스뿐이었을까? 〈뉴욕타임스〉가 선정하는 베스트셀러 1위에 수차례 오른 유명작가인 저자가 실제로 경험해본 '실행의 마법'을 담은 책『액션!』에서 저자는 생생한 경험담을 통해 무엇이 우리를 머뭇거리게 하고 실행을 가로 막는지 상세하게 분석했다. 늘 말만 앞서고 실행의 순간에는 슬그머니 내빼는 사람들에게 쥐어 주고 싶은 기발한 팁과 뜨끔한 이야기들이 이마를 탁 치게 만든다. 또한 올바르게 선택하고, 과감하게 행동하고, 결과적으로 훌륭한 성과를 내는 행동 원칙과 기준, 마인드컨트롤은 지금 당장 일어나서 무언가를 하도록 만드는 생생하고도 신기한 '현장실습'이다. 생각만 하고, 말만 많고, 계획만 세우고, 회의만 하는 사람들에게 경종을 울리고 있다. 읽는 것만으로도 얻을 수 있는 강력한 실행력, 말 그대로 '하면 된다!'는 말이 공감을 느끼게 한다. 생각에만 파묻혀 머뭇거리는 당신을 위해 저자는 마지막으로 이렇게 조언한다.

"진짜 뭔가 저지르는 놈들은 엉덩이를 들고 움직이는 놈이다!"라고 말이다.

불확실성 시대에 미래전략을 어떻게 짜야 하는가. 『3년 후 당신의 미래』란 책을 쓴 오마타 간타의 말에 따르면 이젠 기업도 규모가 크다고 유리한 게 아니다. 몸집으로 싸우던 시대는 지났다고 강조한다.

그는 "중국 경제가 급성장하면서 세계적인 공급과잉에 디플레이션의 위험이 높아지고 있다. 공급과잉 시대에는 경쟁이 치열해질 수밖에 없고 소비자의 욕구가 다변화하기 때문에 한 가지 히트 상품이 한 시즌을 휩쓰는 식의 유행도 드물 것"이라고 말했다. 또한 "과거에는 스키 아니면 인라인스케이트처럼 한 가지 유행이 시대를 휩쓸었지만 앞으로는 개인적 취향을 겨우 면할 정도의 작은 유행만 있을 것이다. 따라서 대기업은 수익을 내기가 매우 어려워 질 것"이라고 말하고 있다.

그래서 그는 '자력自力 승리'의 시대가 온다고 말한다. "지식경영 시대에는 총명한 인재 한 명만 있으면 수백 명 분의 일도 뚝딱 해치울 수 있다. 그렇기 때문에 정말 유능한 인재만 살아남게 된다." 그야말로 '1인 경영' '1인 성공'의 냉혹한 시대를 예견하는 말이다. 그는 기업의 흥망도 CEO 한 사람의 능력에 좌우될 것이라고 단언한다. CEO가 절대적인 힘을 갖는 시대로 접어들었기 때문이다.

따라서 그는 "자신에게 필요한 일에 흥미를 갖고 그 일에 적극적으로 매진하라"고 강조한다. '업계 1인자'를 희망의 기준으로 삼으라는 얘기다. 그는 또 학력 사회에서는 낮은 학력이 치명적인 약점이었으나 앞으로는 사람됨이 좋지 않으면 치명타를 입게 된다고 충고한다. 인품사회가 도래했기 때문이다. 결국 실력과 인품을 갖춘 남자가 살아남을 수 있다는 말이다.

『20/20 예측경영』은 매킨지 경영컨설턴트가 내놓은 기업 미래전략서의 제목이다. '20/20'이란 시력 측정에 쓰는 표현으로 20피트 거리에서 시력을 측정했을 때 가장 완벽한 결과가 나온다고 한다. 이 책에서는 "불확실한 시대에 2.0의 시력으로 내일을 내다보라"는 의미의 '뛰어난 선견지명'으로 쓰이고 있다. 저자는 1970년대 오일쇼크를 예측하고 '시나리오 경영'으로 위기를 극복한 석유회사 로열더치셸을 예로 들며 불확실성을 극복하는 단계가 얼마나 중요한가를 강조한다. 그는 기업의 생존전략이 '불확실성 극복 4단계 분석'에 달려 있다고 말한다. '1단계 명확한 미래' '2단계 선택적 미래' '3단계 범위의 미래' '4단계 예측불능의 미래'로 나눠 단계별 대응전략을 탄력적으로 적용하라고 강조하고 있다.

열정과 도전정신이 중요하다

　　자신의 일에 모든 꿈을 걸고 적극적으로 움직이는 상사나 간부와 있으면 그 행동이 부하에게까지 전달되어 긍정적인 영향을 미친다. 그러나 대개는 무사안일 스타일의 간부가 많다. 하루 종일 책상 앞에 앉아 멍청한 얼굴로 부하들을 감시하는 상사도 있다. 이런 상사는 부하가 올린 실적을 노리고 있다가 입을 크게 벌리고 아무렇지도 않게 날름 삼켜버린다. 어떻게 저런 사람이 상사가 되었는지 이해가 가지 않을 정도로 무기력하다.

　이런 상사들의 대부분은 목표의식과 도전정신을 상실하고 매너리즘에 빠진 경우가 많다. 상사에게 도전정신은 자신의 나태함을 극복하는 최고의 정신 상태이다. 이런 정신 상태를 유지하기 위해서는 스스로 자기계발에 매진하고 업무를 위해 부단히 노력하는 길 뿐이다. 도전정신은 나태함을 극복하는 열쇠이다. 매너리즘에 빠지기 쉬울 때면 초심으로 돌아가라. 일이란 성취해야 하는 것이다. 거기엔 도전이 있고 모험이 있다. 그저 일상 업무를 소화시키면서 하루하루를 보내는 사람은 진정한 비즈니스맨이라고 할 수 없다. 따라서 일에는 자부심과 투철한 목표의식이 있어야 한다.

　어느 회사에서 한낱 과장이었던 사람이 부하 직원들에게 이런 말을 했다.

"나는 평사원으로서 올라갈 수 있는 데까지 가고 싶으니 모두들 잘 부탁해요."

그의 말처럼 그 과장은 2년 뒤 차장, 3년 뒤 부장, 5년 뒤 이사, 다시 2년 뒤에 상무가 되었다. "반드시 해내고 말테니 날 따르라"고 분명하게 말하고 그것을 실천해 가면 부하 직원들은 주저하지 않고 따르는 법이다.

도전정신을 가지고 있는 상사는 일이 곧 부하라는 것을 확실하게 알고 있다. 결코 자기만의 권력이 탐나서 하는 것이 아니라는 것을 주위 사람에게 알리기 위한 기량도 있다. 자기가 그리는 낭만을 부하에게 주는 낭만파이기도 하다.

비위에 맞지 않을 수도 있지만 부하 직원은 "꿈과 낭만을 일에 걸어라"라고 할 수 있는 상사를 따르게 마련이다. 상사 자신이 직위나 연봉이 올라가면 그것에 따라 부하 직원에게도 역시 상승작용이 일어난다. 장래에 대한 도전, 현실에서의 탈피를 원하는 비즈니스맨이라면 그러한 상하간의 의기투합을 바랄 것이다.

무슨 일이든 현상을 유지하는 것은 편하다. 조직 안에서 무엇인가 새로운 행동을 시도하려고 하면 저항을 받아 예상치 못한 벽에 부딪치게 된다. 겨우 그 벽을 돌파하고 나아가면 다시 커다란 걸림돌과 마주치게 된다. 그것이 조직이라는 괴물의 실체이다. 회사 규모와는 관계없다. 상사가 되면 저항하는 세력의 힘도 더욱 강해진다. 라이벌도 생기고, 경영자의 시선을 한 몸에 받기도 한다. 나무가 자라 커지면 바람을 더 많이 받는 것이 자연의 법칙이다.

회사를 짊어지고 가겠다는 자부심이 있는 상사라면 무엇이든 하겠다는 기백과 행동이 필요하다. 그만한 신념이 없으면 조직의 저항력이 굴복하게 된다. 또한 여기저기 일을 벌여 놓기만 하고 목적의 절반도 이루기 전에 '나는 모른다' 식으로 내팽개친다면 그 일에 말려든 부하 직원만 낭패를 보기 십상이다.

진정으로 회사가 필요로 하는 상사가 되기 위해서는 다소의 위험을 무릅쓰더라도 자신이 원하는 프로젝트를 강하게 밀고 나가는 도전정신이 있어야 한다. 도전 정신은 부하 직원에게도 강한 인상을 남기고 이것이 리더십이 되기도 한다. 비록 성공할 확률이 적다고 해도 망설이거나 중도에 포기해서는 안 된다. 상사 자신의 도전 정신은 부하 직원뿐만 아니라 경영자가 늘 예의 주시하고 있다는 사실을 명심해야 한다.

# 끈기 있게 약점을 극복하라

제2차 세계대전은 시작에서부터 전쟁의 결과가 판가름 난 것이나 다름없었다. 특히 태평양전쟁으로 불리는 일본과 미국의 전쟁은 일본에서조차 완전한 승리가 불가능하다고 내다본 전쟁이었다.

그런데 일본은 파죽지세로 태평양의 전략 요충지들을 하나둘 점령했다. 승산이 없다고 내다본 전쟁에서 희망이 보이기 시작한 것이다. 미국은 상대가 되지 않는 나라라고 일본을 깔보았다가 내심 크게 당황하기 시작했다. 일본 전투기들의 활약이 두드러진 활약으로 미국은 곳곳에서 일본 전투기에 의한 큰 피해를 입고 있었던 것이다. 마침내 하늘에서의 승리가 전쟁의 승패를 결정하는 것이라고 생각한 미국은 당시 MIT 대학의 로버트 위너 교수에게 의뢰하여 초정밀 고사포 조준 장치의 설계를 의뢰했다.

그 결과 인간의 뇌와 같이 작동하는 자동 제어장치를 가진 기계가 발명되었다. 이것이 컴퓨터의 출현인 것이다. 컴퓨터는 당장 실전에 배치되어 일본 전투기와 폭격기들을 거침없이 격추시켰다. 일본은 갑자기 나타난 신병기에 의해서 크게 위축되었고 결국 하늘을 장악한 미국이 승리를 가져갔다.

전후 일본의 대기업들은 전쟁의 역사를 뒤바꾼 컴퓨터에 대해서 묘한 승부욕을 갖게 되었다. 대부분 전쟁 당시에 전쟁 물자를 생산하던 기업들이었으므로 누구보다도 전쟁의 패배를 실감했던 그들이기 때문이었다. 과거의 쓰라린 기억에서 벗어나고자 컴퓨터에 승부를 건 일본은 마침내 제2차 세계대전이 끝난 지 30여년 만에 컴퓨터 종주국 미국을 따라잡을 수 있었다.

인간은 망각의 동물이라고 한다. 쓰라린 기억을 잊어버리기 때문에 좌절하지 않는다고도 한다. 그러나 과거의 실패가 내일을 위한 약이 될 수도 있다 아프다고 해서 잊어버리려 애쓰고, 괴롭다고 해서 기억을 떨쳐버리려고 애쓰기보다 과거의 실패 속에서 새로운 지혜를 구하라. 욕망은 강한 승부욕으로 단련된다. 실패는 누구에게나 반추하기 싫은 기억이지만 해내고야 말겠다는 승부욕에 불을 붙이는 데에는 더없이 좋은 자극제가 된다.

하지만 성공의 동기를 제공하는 주위의 장애물 없이 욕망이 형성된 것이라면 그 욕망은 또 쉽사리 포기할 수도 있는 피난처를 감추고 있는 것이다.

"추위에 떤 사람일수록 태양의 따뜻함을 느낀다. 인생의 고뇌를 겪은 사람일수록 생명의 존귀함을 안다."

미국의 시인 휘트먼의 이 말은 고뇌와 아픔을 경험한 자만이 인생의 궁극적 성공을 획득할 수 있다는 말이다. 실패를 감사하게 받아들여라. 그리고 그 실패의 아픔 속에서 불굴의 의지와 강한 승부욕을 창조하도록 하라. 스스로의 핸디캡 때문에 욕망을 일으키지 못하는 사람들은 실상 모든 사람들이 핸디캡을 갖고 있다는 사실을 모른다.

심리학자에 따르면 외형적으로 불구가 아닌 사람이라도 96퍼센트의 사람이 열등감을 갖고 있다고 한다. 만약 동료가 같은 시기에 입사했는데도 먼저 승진을 하게 됐다면 당신은 어떻게 그를 평가할 것인가. 당신보다 능력이 뛰어나기 때문이라고 말할 것인가. 아니면 당신보다 요령이 뛰어나기 때문이라고 말할 것인가. 어떻게 말하더라도 심한 열등감을 느끼기 마련이다. 이런 순간에 더욱 분발할 수 있는 기회가 되는데도 사람들은 오히려 더 깊은 좌절을 경험한다. 자기 합리화를 통하여 자기의 마음을 스스로 위로하고자 한다. 열등감은 때로 자존심을 만족시키는 놀라운 힘을 지니고 있기 때문이다.

당신의 미래를 곤경에 빠뜨리는 것은 육체적인 핸디캡이 아닌 정신적인 핸디캡일 수도 있다. "천재는 광인과 통한다"는 말도 따지고 보면 극단적인 자기 확대의 욕구를 스스로 감당해 내지 못할 것이라는 절망감 때문이다. 더 이상 자신이 지배할 영역이 없다고 느꼈을 때의 위축감이 정신적 기반을 흔드는 것이다.

당신은 천재가 아닌 것을 감사하게 받아들여도 좋다. 비록 천재가 아니더라도 할 수만 있다면 또 다른 평범한 사람들보다 얼마든지 앞서 갈 수 있지 않은가. 남보다 뛰어날 수 없다는 것은 정신적 핸디캡을 지나치게 우려하는 데서 비롯된 핑계일 뿐이다. 욕망을 느끼는 한 당신은 자신이 스스로 만든 핸디캡의 노예가 되어서는 안 된다.

할 수 있으나 해보지 못하는 것에 분노하라. 우리는 어떤 두려움보다 자신이 해보고 싶은 일을 하지 못함을 안타깝게 여겨야 한다.

Chapter 04

인간관계란 무엇인가

좋은 인간관계는 어떻게 만드는가 ● 신뢰 없이는 아무것도 할 수 없다 ● 윗사람과의 인간관계는 이렇게 한다 ● 아랫사람과의 인간관계는 이렇게 한다 ● 직장의 후배 사원과의 인간관계 ● 상사들의 부하 지도 요령 ● 자신의 매력을 개발하라 ● 겸손은 최대의 미덕이다 ● 인맥을 잘 관리하라 ● 커뮤니케이션 능력을 높여라 ● 커뮤니케이션 테크닉

자신을
경영하라
Self-Management

 **좋은 인간관계는 어떻게 만드는가**

　　　　타인과의 인간관계에서 고려해야 할 점은 첫째, 오랜 기간을 두고 좋은 관계를 유지할 수 있는 사람을 사귀어야 한다. 둘째는 그 사람과의 관계를 발전시키고 성숙시켜 하나의 결실을 맺을 수 있어야 한다.

　인생에서 좋은 사람들과 좋은 인간관계를 맺는 것은 성공적인 삶의 필수조건이다. 도움을 주고 지지해 주면서 용기를 주는 사람들과 친분을 쌓는 일에 주력하라. 함께 있으면 즐겁고 서로 공감대를 나눌 수 있는 사람. 목표를 이루고 꿈을 실현하는 데 도움이 되는 사람들을 가까이 하라. 그들이야말로 진정한 우정을 나눌 수 있는 사람들이다.

우리는 매일 새로운 사람을 만나고 대화를 한다. 동료, 고객, 거래처 사람들, 투자자들…. 그들 중에는 바로 잊혀지는 사람들이 있는가 하면, 서로 관심을 가지면서 일생 동안 우정을 나누게 되는 사람들도 있다. 서로에 대해 조금씩 더 알아가면서 서로 도움을 줄 수 있는 길을 찾고 결실을 맺는 바람직한 관계가 중요하다.

그럼 직장에서 좋은 인간관계를 어떻게 만드는가? 자신의 능력이 아무리 뛰어나다 해도 인간관계가 좋지 못하면 직장에서 출세할 수 없다. 직장 내에서 좋은 인간관계를 유지하기 위해서는 자신이 먼저 베풀도록 노력하지 않으면 안 된다.

다음은 직장에서 좋은 관계를 만드는 법은 무엇인지 살펴보자.

첫째, 회사 동료 이름을 다른 부서를 포함해 모두 기억한다.

둘째, 자신과 상대방의 입장을 올바르게 이해한다.

셋째, 자신과 상대와의 관계를 원만하게 만드는 대화(언어)를 사용한다.

넷째, 상대방과 자신과의 사이에 적절한 간격을 둔다.

다섯째, 공公과 사私의 구별을 확실히 한다.

여섯째, 친한 사이에도 예의를 지킨다.

사회는 인간관계로 구성된다. 이러한 인간관계는 크게 나누어 다음 3가지로 분류된다.

- 숙명적 관계 : 부모, 형제, 친척 등 혈연적으로 이루어져 평생 변하지 않는 관계를 말한다.
- 선택적 관계 : 급우, 친구, 애인 등 자신이 원하는 대로 선택할 수 있다.
- 우연적 관계 : 취업이나 직장 등에 의한 관계로 직장에서는 조직 계층과 직무권한이나 책임 등에 의해 복잡한 관계가 발생한다.

각자 노력하지 않으면 바람직한 인간관계를 유지할 수 없다. 무엇보다 직장에서 좋은 인간관계를 유지하기 위해서는 우선 인간에 대해 깊이 있게 이해할 수 있어야 한다. 따라서 다음과 같은 인간의 기본적인 욕구를 이해해야 한다.

- 인정받고 싶은 마음 : 조직 계층이 있기는 하지만 누구든 민간의 존엄성을 무시당하고 싶어 하지 않는다. 자신의 중요성, 능력과 재능을 인정받고 싶어 한다.
- 기회를 잡고 싶은 마음 : 승진, 연수 등의 기회가 주어지는 업무를 하고 싶어 한다.
- 안정을 추구하는 마음 : 안심하고 일을 하고 싶어 한다. 상사나 부하, 동료와의 관계가 안정되기를 바라며 신분이나 직장도 안정되길 바란다.

- 공평을 추구하는 마음 : 차별이나 불평등을 원하는 사람은 없다.
- 귀속을 바라는 마음 : 사회적으로 알려진 회사의 일원으로서 협력하고 공헌하고 싶어 한다.

유명한 사회학자 A. H. 마즈로는 "인간은 끊임없는 욕구를 가지고 있다. 그리고 그것을 만족시키기 위해 노력하는 동물이다"라고 말하면서 인간의 욕구를 다음의 5단계로 분류했다.

- 1단계 : 생리적 욕구 - 식욕, 성욕, 수면, 유흥 등의 본능적 욕구
- 2단계 : 안전 욕구 - 육체, 정신의 안전에 대한 안정 욕구
- 3단계 : 사회적 욕구 - 참여 욕구, 애정, 우정에 대한 욕구
- 4단계 : 자아에 대한 욕구 - 자기 가치, 존재를 바르게 평가받고 싶어 하는 욕구, 칭찬이나 존경받고 싶어 하는 욕구가 이에 속한다.
- 5단계 : 자기실현 욕구 - 업무 완수, 희망 달성 등의 자기 성장 욕구

 신뢰 없이는 아무것도 할 수 없다

　　　　　사람들과 좋은 관계를 맺고 우정을 돈독히 하는데 열정을 쏟아라. 함께 일한다는 것은 공통된 목표를 향해 함께 성장하며 결실을 서로 나눈다는 뜻이다.

첫째, 첫인사로 상대의 마음을 사로잡는다. 인사는 상대방과의 심리적인 유대를 만들어 나가는 가장 좋은 방법이다. 항상 밝고 명랑한 목소리로 인사하여 상대방의 마음을 움직이도록 한다. 그리고 상대로부터 인사를 받으면 반드시 답례하는 것을 잊지 않는다. 상대방보다 먼저 인사하고 호의를 보여야 신뢰받을 수 있다.

둘째, 인사하는 방법을 숙지한다.

- 호의를 가지고 따뜻한 마음으로 부드럽게 인사하도록 한다.
- 한마디라도 소홀히 하지 않는다. 인간관계는 말에서부터 시작된다. 심리적인 연대감을 만들어주는 것이 바로 한마디의 인간적인 말이다.
- 상대방에게 먼저 적극적으로 말을 건다. 호의는 먼저 베풀어야만 그 진가가 발휘된다.
- 주변 사람에 대한 인사를 습관화한다. 좋은 인간관계를 넓혀 나가는데 큰 도움이 된다.

셋째, 상대방을 이해한다.
- 사람들은 모두 각양각색이기 때문에 개인차가 많다. 따라서 사람을 대할 때 선입관을 갖지 말고 각자의 개성을 잘 이해하도록 한다. 바람직한 인간관계는 올바른 상호간 이해에서 이루어진다는 사실을 명심한다.
- 상대방의 생각이나 신념, 특기, 흥미, 문제점, 기호 등을 파악한다.
- 장점에 대해서는 빨리 칭찬해주고 최대한 상대방의 흠을 잡지 않도록 한다.

넷째, 상대방에게 관심을 보인다. 누구든지 자신에게 관심을 보이는 상대에 대해서는 깊은 호감을 갖게 된다. 상대방의 마음을 사로잡는 지름길은 대화할 때 그 사람의 최대 관심사를 주제로 삼는 것이다. 주변 사람에게 눈을 돌리고 신경을 써서 도와주면서 관심을 나타낸다. 세상에서 가장 마음을 즐겁게 하는 것은 생각지도 않았던 사람으로부터 받게 되는 친절이라고 한다.

다섯째, 격려와 도움을 아끼지 않는다. 어떤 일이든 불평을 하기보다는 격려와 칭찬을 해주면서 도와주는 것이 성공적으로 일할 수 있는 방법이다. 그럼으로써 서로 기분도 좋아지고 업무 성과도 높아진다.

상대방이 곤경에 빠졌을 때 자진해서 도와주도록 한다. 도움을 받은 사람은 언제든 반드시 깊게 된다. 직장 내에서는 업무 또한 직원 상호간의 협력을 통해서 성과를 올리는 것이다.

여섯째, 이것이 인간관계를 방해하는 요소이다.

- 약속에 대해 무책임하고 일방적으로 약속을 깬다.
- 상대방을 도구로 이용한다.
- 무법자처럼 규칙을 지키지 않는다.
- 상대를 깔보고 업신여긴다.
- 쉽게 거짓말을 한다.
- 험담이나 악담, 고자질을 잘한다.
- 청결하지 못하고 무신경하며 뻔뻔스럽다.
- 상대방의 말이나 행동에 빈정거리는 태도를 보인다.
- 상대방의 말꼬리를 잡고 트집을 잡는다.
- 다른 사람의 물건을 마음대로 사용하고 돌려주지 않는다.

윗사람과의 인간관계는 이렇게 한다

회사 안에서 원활한 업무 추진을 위해서는 자신이 맡는 프로젝트의 책임자나 상사와의 원활한 인간관계가 이루어져야 한다.

- 상사를 치켜세워 준다. 인간적으로는 마음에 들지 않는 상사라 할지라도 업무에 관련된 부분에 대해서는 상사의 의견이나 입장을 높이 평가해준다.
- 상사의 일에는 자진해서 협력한다. 상사가 말하기 전에 좋은 방안을 제시하거나 실행에 옮긴다.
- 상사의 성격을 미리 파악해 배려한다. 상사의 입장을 이해하고 자진해서 보좌한다. 일을 진행할 때는 상사의 상황(입장)에 맞춘다.
- 상사에게 조언이나 충고를 구하고 진심으로 받아들인다. 상사의 조언을 겸허한 자세로 받아들여 반성하고 자기계발의 기회로 삼는다.
- 상사와 대화할 기회를 많이 갖는다. 공적인 모임 외에 사적인 모임에도 자진해서 참석하려고 노력한다.
- 지나치지 않은 범위 내에서 적당히 아부할 필요가 있다. 경우에 따라서는 허물없이 대하는 것도 좋지만 그럴 경우에도 항상 상사의 권위를 지켜주도록 한다.
- 상사에 대한 험담을 하지 않는다. 자기가 알고 있는 상사의 약점이나 결점을 다른 사원이나 주변 사람들에게 얘기하지 않는다. 세상에 비밀은 없다. 언젠가는 자신이 말했던 내용

을 상사도 알게 되어 있다.
- 공적인 일과 사적인 일의 구별을 확실히 한다. 설령 개인적으로 절친한 관계라도 직장 상사의 대우는 깍듯이 해야 한다.
- 상사와의 약속이나 비밀 사항은 반드시 지키도록 한다.

회사 업무를 추진하다보면 각 부서의 이해관계가 서로 얽혀 언성을 높이거나 언짢은 기분을 유발시키는 경우가 있다. 서로 간에 회사의 이익을 위해 열심히 일하다 보면 이런 경우가 생길 수 있다고 생각하지만 도가 지나치면 곤란하다. 부서 간 지나친 경쟁으로 인해 상사들끼리 불편한 관계가 되면 그 여파가 각 부서의 사원들 모두에게 영향을 주어 서로 갈등하게 되고 업무 협조도 어려워질 수 있다.

따라서 부서간의 지나친 경쟁으로 인하여 개인주의, 이기주의가 만연되거나 부서간의 의사소통 및 협조관계가 방해되어 인간관계를 악화시켜서는 곤란하다. 만약 부서의 사소한 문제로 인하여 상사 간의 사이가 좋지 않다고 느낄 경우가 있더라도 부하 사원들은 이런 분위기에 휩싸여서는 안 된다. 오히려 부서장들이 쉽게 화해할 수 있도록 부하 직원들끼리 더 협조하고 문제점을 해결하여 서로 이해할 수 있는 방향으로 일을 추진한다면 상사들 역시 회사를 위하는 마음에서 생겼던 감정이었기 때문에 빨리 풀어질 수 있다. 그리고 업무 협조가 잘 되는 부서로 인정받아 타 부서의 부러움을 사게 된다.

부서간의 업무 협조에 있어서도 회사 차원의 균형 감각을 기본으로 서로에 대해 충분히 이해하고 성실하고 적극적인 자세로 임한다면 추진 과정에서 생기는 사소한 문제는 오히려 전화위복이 될 수 있다. 따라서 개인보다는 부서를, 부서보다는 회사를 우선하여 생각하면서 일을 처리하도록 한다.

아랫사람과의 인간관계는 이렇게 한다

젊은 사원의 능력과 의욕은 선배 사원의 태도에 큰 영향을 받는다. 업무 파트너로서 후배와의 인간관계가 삐걱거리면 업무가 원활히 진행되지 않는다.

첫째, 후배와 좋은 인간관계를 맺는다.
- 후배의 입장과 기분을 잘 이해하고 맞춰준다.
- 자주 후배의 노고를 위로해 주고 실패했을 때는 용기를 잃지 않도록 격려해 준다.
- 업무는 엄격하면서도 친절하게 가르쳐준다.

- 선배로서 권위적 입장에 서지 않는다. 업무를 같이하는 동료로 대한다.
- 험담하지 않는다. 주의를 줄 때는 정면에서 이야기하고 뒤에서 비꼬거나 빈정대는 일이 없도록 한다.
- 화가 나는 일이 있어도 후배에게 감정적으로 대해서는 안 된다.
- 후배의 약점이나 결점을 여러 사람 앞에서 폭로하지 않는다.
- 자신의 스타일을 강요해서는 안 된다.
- 개인적인 일을 지시하는 일이 없도록 한다.
- 고민, 불만 등을 잘 들어 주고 사적인 문제도 상담해 주는 자세를 갖는다.

둘째, 선배나 상사들이 해서는 안 될 말
- 내 말대로 해!
- 내 체면 좀 세워주라.
- 내 말은 절대 틀리지 않아!
- 그런 약속을 했어?
- 자네도 많이 좋아졌어.
- 자네는 수준이 낮아
- 마음대로 해! 나는 몰라
- 불평을 해? 잠자코 있어!

- ●●● ○○ 같은 우등생 티를 내는 놈은 싫어!
- ●●● 이 정도로 지시했는데…
- ●●● 그건 아직 시기상조야.
- ●●● 모두 믿을 수 없는 놈들뿐이야!
- ●●● 노는 건 1등이면서 일을 제대로 못하는군.
- ●●● 잠시 빌려주겠어?
- ●●● 그건 안 돼, 안 해도 다 알아.

회사는 분업과 분담을 통해 목표를 달성하는데 각자 제각기 따로따로 움직인다면 효과를 기대할 수 없다. 조직 활동의 핵심은 공동의 목표를 잘 이해하고, 원활한 의사소통을 위해 노력하며 협동심을 가지고 철저한 팀플레이를 해야 한다.

이것이 효과적으로 이루어질 때 비로소 조직의 목표가 달성된다.

첫째, 조직의 팀워크를 발휘하기 위한 조건

- ●●● 조직 목표를 명확하게 한다.
- ●●● 역할 분담과 책임의 소재를 명확하게 한다. 전체와 개별 목표를 명확히 하여 책임과 권한을 자각한다.
- ●●● 공동체 의식을 강화한다. 일의 성과는 팀의 협력에 의해 얻어진다. 개인보다는 조직의 이익을 우선시한다.
- ●●● 조직 결정을 활용한다. 업무나 과제를 결정할 때는 전원이

참가하여 집단의 지혜를 활용한다.
- ••• 소속감을 높인다. 좋은 전통, 문화를 만들어 조직 풍토를 육성하고 각자의 자부심을 높인다.
- ••• 활발한 커뮤니케이션과 화합하는 분위기를 조성한다. 자유로운 분위기에서 거리낌 없이 이야기할 수 있는 분위기를 조성한다.

둘째, 팀워크로 얻을 수 있는 기대 효과
- ••• 목표 달성을 위해 협력함으로써 일에 대한 만족도를 높일 수 있다.
- ••• 역할 분담과 책임, 권한이 명확하고 적성에 맞는 일을 진행할 수 있어 보람을 느낄 수 있게 된다.
- ••• 인간관계가 좋아지고 서로에 대한 이해가 깊어지고 마음이 맞게 된다.
- ••• 사회적 평가가 높은 팀의 멤버라는 자부심이 생긴다.

직장의 후배 사원과의 인간관계

인재 매니저의 중요한 업무 중의 하나는 바로 후배

사원과 신입 사원을 지도·육성하는 일이다. 신입 사원을 빠른 시일 내에 직장에 적응시켜 업무 지식을 습득하게 하고 역량을 발휘할 수 있도록 배려해줘야 한다.

또한 후배 사원이 매너리즘에 빠지지 않고 경영 환경 변화에 빠르게 적응함으로써 의욕적으로 업무에 임할 수 있도록 지도해야 한다.

첫째, 지도 타이밍을 고려한다.
- 후배가 업무에 관련된 질문을 해왔을 때 바로 가르쳐준다. 그리고 업무상 실수를 저질렀다거나 문제가 발생했을 때 지도해준다.
- 새로운 업무나 중요한 업무, 어려운 업무를 하려고 할 때 가르쳐준다.
- 방침, 법규, 규칙, 규정 등이 변경되었을 때 신입 사원이 신속히 알 수 있도록 전달해준다.
- 예정보다 늦어지거나 업무 진행상 곤란한 일이 생겼을 때 지도해준다. 그리고 업무가 종결되었을 때 결과에 대한 평가와 함께 신규 프로젝트에 대한 설명도 한다.
- 과제 연구나 모임이 있을 때 지도해준다.

둘째, 개별 지도 시 유의할 점

- 가르치겠다는 경직된 태도나 훈계는 금물이다. 친절하고 편안하게 가르쳐준다.
- 솔선수범한다. 무슨 일이든 상사가 먼저 솔선해서 실행해 보이고 나서 가르친다.
- 후배의 장단점을 잘 파악하여 장점은 칭찬해주고 결점에 대해서는 비판하지 않는다.

셋째, 개별 지도 단계

- 제1단계 : 배울 준비를 하도록 해준다.
- 긴장을 풀고 마음을 편안하게 해준다.
- 업무 목적이나 중요성에 대해 이야기하고 흥미와 의욕을 불어넣어준다.
- 필요한 자료와 도구를 준비해 준다.
- 제2단계 : 실행하여 보여준다.
- 업무 절차를 친절하게 설명하고 직접 시범을 보인다.
- 전반적인 것을 보여주고 전체를 파악하게 한다.
- 본인의 표정, 태도를 보고 스스로 잘못된 점을 지적하게 한다. 단, 한꺼번에 너무 많은 것을 가르치지 않는다.
- 질문을 시키고 납득할 때까지 설명한다.
- 제3단계 : 시켜본다.

- 본인이 직접 해보도록 한다.
- 잘한 점은 칭찬하고 잘못된 점은 고쳐준다.
- 요점에 대해 질문하고 설명해 보도록 하여 이해 정도를 확인한다.
- 본인이 익숙해질 때까지 몇 번이고 반복하게 한다.
- 제4단계 : 가르치고 난 후의 과정을 지켜본다.
- 업무 분담을 결정한다.
- 잘 모를 경우에는 능숙한 사람을 파트너로 정해 주고 질문하게 한다.
- 업무 진행 상황을 체크하면서 지도 횟수를 줄여 나간다.

상사들의 부하 지도 요령

　　　　　　신입 사원을 받아들이는 방법의 좋고 나쁨에 따라 이후 신입 사원의 소속감과 업무 성과가 크게 달라진다. 신입 사원에 대해 다음과 같은 태도나 생각을 갖게 되면 결국 그들의 일에 관한 효율을 떨어뜨리는 결과를 넣게 된다.

- 아무것도 모르는 놈이라고 보는 태도

- 무엇을 해야 될지도 모르고 갈팡질팡한다고 귀찮은 존재로 취급하는 태도
- 하기 싫은 업무나 잡일을 시켜도 된다는 생각
- 일일이 작은 것까지 지시해 주어야 한다는 선입관
- 선배 티를 낸다고 힐책하는 태도.
- 개인적인 일을 시켜도 된다는 생각
- 무시해도 된다는 생각

첫째, 신입 사원을 대할 때는 다음과 같은 점에 유의해야 한다.
- 신입 사원은 업무 진행에 좋은 파트너이다. 따라서 어떤 경우든 그를 하급자로 취급하지 말고 공평하게 대해야 한다.
- 장래 기업을 짊어질 인재이다. 빨리 육성하여 그 역할을 다하게 한다.
- 직장 분위기를 젊고 밝게 만드는 존재라고 생각한다.
- 그들의 입장을 잘 이해하고 친절하게 지도한다.
- 업무 분담을 확실히 주지시키고 업무에 대한 책임을 자각시킨다.
- 업무에 익숙해졌는지, 아니면 곤란을 겪고 있는지 수시로 관찰한다.
- 휴식시간이나 퇴근 후 사적인 자리를 마련해서 이야기를 나

눈다.
- 일상의 태도나 표정을 주의 깊게 관찰하고 허물없이 무엇이든 상담해 오도록 격려해준다.

둘째, 신입 사원을 대하는 방법과 지도하는 요령은 다음과 같다.
- 받아들일 준비를 한다. 주변을 정리하고 약력을 파악해 놓는다. 업무 자료, 도구 등을 준비한다.
- 반갑게 맞아준다. 웃는 얼굴로 반갑게 맞아주면서 회사 상황에 대해 알려주고 기대를 이야기한다.
- 관심을 나타낸다. 본인의 흥미, 관심사, 신변에 관해 이야기한다. 상대방이 알고 싶어 하는 것을 파악해서 친절하게 알려준다.
- 업무 내용을 설명한다. 직무에 대한 설명과 그 중요성을 강조하고 전체 업무와의 연관성을 말해준다. 그리고 규율, 주의 사항에 대해서도 충분히 설명한다.
- 관계 부서에 안내한다. 관계 부서나 관계자에게 안내하여 소개한다. 본인의 직무 이외의 취미나 특기 등에 대해서도 직원들에게 소개하여 친근감을 갖게 해준다.
- 지도 담당자를 결정한다. 가르치는 기술이 있고 성품이 좋은 사람을 선정해 업무 수행기준과 실시 훈련을 맡긴다.

•●● 보충 지도를 해준다. 진행 정도를 확인해서 정확하게 할 수 있을 때까지 가르친다. 개인면담과 상담을 통해 격려해 준다.

 자신의 매력을 개발하라

항상 긍정적인 관점에서 당신을 지원하고 용기를 주는 사람들을 가까이 하라. 내가 좀더 나아질 수 있도록 도와주려는 사람, 나를 신뢰하고 인정해주는 사람, 나와의 우정을 소중히 여기는 사람, 나의 성공을 기꺼이 함께 즐거워해줄 수 있는 사람, 꿈을 나누면서 함께 나아가고자 하는 그런 사람들이 매력 있는 사람들이다.

흔히 직장에서 사람을 소개할 때는 그 사람의 특기와 개성을 담아 소개하는 것이 중요하다. 상대방에게 강한 인상을 주고 소개 효과도 커질 수 있기 때문이다. 그러나 아무리 인상을 좋게 하는 경우라도 지나치게 과장된 소개는 오히려 본인에게 불쾌감을 줄 수 있어 실례가 된다. 그리고 간혹 사람에 따라서는 한쪽만 칭찬하는 사람도 있는데 한쪽의 체면을 깎는 느낌이 들게 하는 소개는 하지 않는 것이 좋다.

소개 요령을 몇 가지 살펴보면 다음과 같다.

소개 순서는 지위가 낮은 사람을 높은 사람에게, 연소자를 연장자에게 먼저 소개한다. 지위나 연령이 같을 경우에는 자신과 친한 사람을 먼저 상대방에게 소개하도록 하며, 남성을 여성에게 먼저 소개한 다음에 여성을 남성에게 소개한다. 새로 그룹에 참가하는 사람이 있을 때는 신참을 우선 전원에게 소개한 후 부서 요원들을 한 사람씩 소개한다. 부서 중에서는 특별한 지위가 높은 사람부터 소개하고 이어서 좌우 어느 쪽부터 소개해도 상관없다.

소개를 통해서 지금까지 알지 못하던 사람들과 친해지고 서로 대화를 나눌 기회가 생기므로 소개자는 공통의 화제를 찾아 대화의 실마리를 엮어 나가도록 진행하는 것이 중요하다.

명함을 주고받을 때도 지켜야 할 예의가 있다. 처음 만났을 때 첫인상이 중요하듯이, 명함은 후에 상대방을 기억하게 하는 중요한 역할을 하게 되므로 교환하는 데도 신경을 써야 한다.

명함을 주고받는 적절한 요령은 다음과 같다.

- 명함은 원칙적으로 아랫사람이 먼저 내고 윗사람의 명함을 받는 것이 순서이다.
- 구겨지거나 때가 묻은 명함을 사용하지 않도록 한다.
- 명함을 줄 때 오른손으로 상대방이 보기 쉽도록 내민다.
- 명함을 주고받을 때는 공손하게 두 손을 사용하는데, 왼손으

로 오른손을 받쳐 들고 오른손으로 주고받는 것이 공손한 명함의 주고받기이다.
- 명함을 받고 상대방의 이름을 그 자리에서 외우도록 한다. 상대방 이름의 한자가 어려울 때는 상대방에게 직접 물어보도록 한다.
- 명함을 교환한 후, 상담 중에 최대한 상대방의 이름을 불러보면서 친근감을 갖도록 노력하는 것이 중요하다.
- 명함은 항상 10~20매쯤 새 것으로 갖고 다니도록 한다. 받은 명함은 그날 중으로 3W(When, What, Where) 정보를 명함 여백에 쓰고 명함 보관 케이스에 정리해 두면 이후에 많은 도움이 된다.
- 명함을 받자마자 보지도 않고 바로 호주머니에 집어넣지 않도록 한다.
- 상대방이 명함을 내밀 때 딴청을 피워 얼른 받아들이지 않는 것은 금물이다.
- 계단을 오르내릴 때나, 식사중이거나 또는 다른 사람과 이야기하고 있는 사람에게는 명함을 내밀지 않도록 한다.
- 상대방 명함을 손에 쥔 채로 만지작거리거나, 접거나, 탁자를 톡톡 치는 일은 상대방에게 큰 실례가 된다.

 겸손은 최대의 미덕이다

"허리를 굽힐 줄 아는 사람은 뺨을 맞는 일이 없다." "겸손은 최대의 미덕이다."

신입 사원이 회사에서 근무하다 보면 자신이 중요한 업무를 수행 중이거나 바쁘게 움직이고 있는데 다른 상사가 일을 지시하는 경우가 종종 발생할 수 있다. 또는 직속 상사가 부재중이거나 피치 못할 사정이 있을 때 직속 상사가 아닌 다른 사람의 지시를 받게 되는 경우도 있다.

이런 경우에는 '나의 직속 상사가 아니니까' '내 일도 바쁜데…' 하는 생각에서 지시사항을 거부하거나 주의를 기울이지 않으면 자기뿐 아니라 직속 상사나 선배의 입장도 곤란해지는 경우가 있으므로 특히 주의해서 행동하도록 한다. 이때는 다소 바쁘다 할지라도 상황을 판단하여 일을 처리해주는 것이 바람직하다. 도저히 일을 도와 줄 수 없는 상황일 경우에는 형편을 잘 이야기하고 오해가 생기지 않도록 하는 것이 중요하다.

판단하기 어려울 경우에는 직속 상사나 관련 상사가 자리에 있을 때 그 상사에게 보고하여 지시나 의견을 듣도록 한다. 그리고 때로는 임기응변의 지혜를 발휘하여 문제를 처리할 수 있는 감각을 숙달하도록 노력한다.

어떤 지시사항이나 일을 하는 데 있어 직속 상사와 중역의 의견이 서로 달라 각각 다르게 지시하는 경우 담당자로서는 무척 난처한 입장에 처하는 경우가 있다. 대체로 회사 내에서는 상사의 경험이나 안목이 부하 사원보다는 상당히 높거나 넓은 게 일반적인 경향이다. 따라서 지시사항에 큰 차이가 없다면 상위 직책인 중역의 의견에 따라 업무를 처리하는 것이 무난하다.

그러나 간부와 중역의 지시사항이 서로 판이하게 다르거나 명백하게 상반될 경우에는 직속 상사의 지시에 따르는 것이 좋다. 왜냐하면 그 업무의 수행 책임과 관리에 대한 모든 책임은 바로 직속 상사에게 있기 때문이다. 조직 내에서는 일반적으로 직속 상사와 그 위 상사의 지시나 명령 내용이 상이할 대는 언제나 직속 상사의 지시와 명령에 따라야 하는 것이 원칙이다.

지시사항이 상이할 경우 직속 상사에게 중역이 이러한 지시를 내려 이런 방향으로 하라고 했다는 것을 보고한다. 간부가 중역의 지시사항을 참고하여 자신의 지시내용을 한번 더 생각하거나 수정 지시를 할 수 있도록 함으로써 불필요한 이중 지시가 되지 않도록 한다. 그리고 양쪽의 이견이 너무 상반되어 지시사항을 한꺼번에 모두 이행하기가 어렵다거나 어느 쪽도 타당치 않다고 판단되는 경우에는 중역·간부·담당자가 서로 의견을 교환할 수 있는 기회를 갖고 신속히 지시사항에 대한 의견 통일을 하는 것이 현명한 방법이다. 신입 사원 혼자서만 고민하다가 엉뚱한 안을 만들어 보고한다면 시간적으로 손실일 뿐만 아니라 담당자로서도 제 역할을 다했다고 말할 수 없다. 이런 경우는 혼자 고민할 것이 아니라 다시 상사의 정확한 지시나 명령을 받을 수 있도록 해야 한다.

직장의 인간관계는 상사·선배라는 수직관계와 그리고 동료·후배라는 수평관계로 성립되어 왔다. 상사·선배와의 관계가 원만해도 동료와의 관계가 불편해서는 업무가 순조롭게 진행되지 않는다. 따라서 양쪽의 인간관계가 좋지 않으면 일이 원활히 추진되지 못한다.

직장 내에서의 인간관계가 좋지 못하면 업무(일)의 실수가 많아지고 일의 능률, 업무생산성도 저하된다.

때문에 상사·선배·동료와의 사이에 틈(벽)이 생기지 않도록 상호간에 인간성을 존중하고 자기 자신을 객관적으로 성찰하여 주체성을 잃지 않는 자세가 중요하다.

 인맥을 잘 관리하라

여러분은 같은 직장에서 일하는 동료들에 대해 어

느 정도 알고 있는가? 그들의 꿈이나 목표, 희망에 대해 이해하는가? 또 그들은 당신에 대해서 무엇을 알고, 무엇을 이해하고 있다고 생각하는가? 한 직장에서 근무하는 동료야말로 당신의 성공에 큰 영향을 줄 수 있다. 따라서 그들과 좋은 인간관계를 유지하기 위해 노력해야 한다.

사회생활을 하는 사람이라면 누구든 일의 종류와 내용에 관계없이 지시를 받고 따라야 할 대상이 있다. 회사에서는 CEO나 임원, 그리고 관리자의 지시를 따라야 하고 자기 사업을 하는 경우에도 관계 부처 실무자나 거래 업자들이 요구하는 조건 또는 의견을 존중해야 한다. 또 은행이나 고문단, 투자자, 고용인들과도 긴밀한 관계를 유지하기 위해 지시와 요구를 받아들여야 한다.

직장인들 역시 누군가의 지시에 따라 일을 한다. 따라서 직속 상사나 그 위 임원들 그리고 CEO와 원만히 지낼 수 있도록 노력해야 한다. 상사들과 좋은 인간관계를 유지하면 그만큼 승진에 유리하며 또 중요한 역할도 맡을 수 있으며, 경쟁력을 높일 수 있는 기회가 주어지며 출세할 가능성도 더 높아진다.

사회생활을 하다 보면 한 번 인연을 맺은 사람들과의 어떤 식으로든 다시 연결되는 경우가 많다. 상사가 다른 직장으로 옮기는 경우, 거기서 또 다른 동료나 상관들을 알게 될 것이다. 그들 중에 혹시 당신이 관심을 가지고 있는 사람이 있다면 상사의 도움을 받을 수 있다.

모든 조직에는 일의 진행을 주도하는 실무진이 있고 실무를 가속화시키는 관리자가 있으며, 그리고 사안에 대해 결정권을 가진 사람이 있는가 하면 돈의 운영을 장악하고 있는 사람이 있다.

그들과 가까운 사이가 되어야 한다. 우정을 나누면서 그들이 꿈, 목표, 희망을 향해 노력하는 일에 힘이 될 수 있어야 한다. 그렇게 하면 그들 역시 당신의 꿈과 목표, 희망을 이루어가는 과정에 큰 도움을 줄 것이다. 또 전화로 통화하고 교류하는 사람들은 주로 고객이나 거래처 사람이다. 따라서 그들 중에서 성공을 향해 나아가는 능력 있고 야심찬 사람들과 교제해야 한다. 회사 내에서 좀더 가까운 관계가 되고 싶은 사람들의 명단을 적어보라. 그들과 정기적으로 접촉할 수 있는 계획을 미리 세우는 것도 중요하다.

회사 내의 영향력 있고 중요한 사람들을 알았다면 이제 그들과 가까워지고 친분을 쌓는 일에 신경을 쓴다. 회의나 세미나에 빠짐없이 참석하고 소속 집단과 관련된 사회 활동을 알아보고 적극적으로 지원한다. 혹은 지역적·전국적인 행사에 참여하면서 해당 위원회의 주요 구성원으로 활동하거나 조직체와 관련된 여러 행사에 자발적으로 참여하고 봉사활동을 한다.

바람직한 인맥을 구축하기 위해서는 가능한 한 많은 사람을 만나야 한다. 일단 사람을 만나고 그 다음에 정기적으로 만나면서 지속적인 관계로 발전시키는 방향으로 나아가도록 한다.

대체로 그 중에는 더 가깝게 사귀고 싶고, 더 많이 알고 싶은 사람이 있다. 상대가 내게 득이 될지 해가 될지, 또 내가 상대에게 도움을 줄지 어쩔지는 알 수 없다. 그럼에도 불구하고 상대에게 호감이 간다면 앞으로 좋은 관계로 발전할 가능성이 높다.

그런데 지금 우리는 어떻게 하고 있는가? 대부분 그런 기회가 와도 진지하게 노력도 해보지 않고 그냥 흘려보내고 있지는 않는가? 그리고 좋은 첫인상을 줄 수 있는 기회란 첫 만남, 그때뿐이다. 따라서 어떤 사람과 교제하고 싶다면 처음 만나는 자리에서 강한 인상을 주어야 한다. 이를 위해서는 다음과 같은 착안이 중요하다.

- 활기차게 인사를 나눈다.
- 밝고 진심에서 우러나는 미소를 보인다.
- 만나서 정말 기쁘다는 표정과 화술로 이야기한다.
- 악수는 최대한 힘 있게 한다.

하지만 모든 사람과 다 좋은 친구가 될 수는 없다. K 씨는 처음 사업을 시작할 무렵 만나는 모든 사람들과 교제하겠다고 결심했다. 그러나 그것은 불가능한 일이었다. 모든 사람들에게 호감을 가질 수도 없었고 그들 또한 반드시 K 씨를 좋아하는 것도 아니었다. K 씨는 곧 모든 사람들과 친구가 되겠다는 생각을 단념하는 대신 좋은 친구가 될 가능성이 있는 사람들하고만 우정을 쌓으려고 노력했다. 그 결과 K 씨는 지금 자기가 좋아하고 또 그를 좋아하는 사람들과 폭넓은 인간관계를 맺고 있다.

한 사람의 일생에서 언제나 중요한 사람들이 함께한다. 당신의 인생에서는 누가 중요한 사람인지 생각해보라. 그리고 그 사람들을 중심으로 인맥의 범위를 넓혀가라. 새로운 인맥을 만들어 간다는 것은 자신의 인생에 큰 영향을 미치게 될 사람들과 우정을 쌓아나가는 과정이다.

먼저 당신에게 그동안 알고 지내온 모든 사람들에 대해 전체적으로 한번 생각해보는 시간을 가져보라고 권하고 싶다. 그런 다음 자신의 인생에서 중요하다고 생각되는 열 사람을 뽑아 보라. 여기에는 개인적으로도 아는 사람이나 직업상 알게 된 사람 혹은 가족들도 포함된다. 그들은 당신에게 매우 소중하고 중요한 사람들이다. 그들을 생각하고 연락을 주고받고 함께 지내면서 서로의 유대감을 높이고 싶은가? 그렇다면 수화기를 들고 점심식사나 저녁, 또는 커피를 함께하지 않겠느냐고 제안해본다. 좋은 인간관계를 유지하기 위해서는 정기적인 접촉을 놓쳐서는 안 된다.

좋은 인간관계를 유지해야 하는 사람들에게 어느 정도의 간격을 두고 연락을 취하는 게 좋을까? 매일, 매주, 격주 아니면 한 달에 한 번 혹은 두 달에 한 번은 어떨까 계획해본다.

사람에 따라 나름의 적당한 간격을 계획하되 무엇보다 중요한 점은 정기적인 접촉을 계속해 나가야 한다는 것이다. 업무상 시간에 쫓기다가 잊어버리는 일 없이 정기적인 만남을 계속할 수 있도록 차후 면담 스케줄을 잡아둔다. 그리고 아직은 잘 모르는 사이지만 좀 더 알고 친해지고 싶은 사람들도 있을 것이다. 그런 사람들의 이름도 적어보라.

현재 진행 중인 활동 계획에 따라 차후 면담 스케줄, 즉 전화나 만날 약속 또는 거기에 따르는 추가적인 내용을 미리 계획해 두는 것이 좋다. 정기적인 접촉이 주 1회이든 한 달에 한 번이든, 또는 1년에 서너 번이든 그 횟수가 중요하지는 않다. 이런 계획의 의미는 자신의 인생에서 중요한 사람들과 유대의 끈을 놓지 않고 계속 지켜나간다는 데 있다.

가깝게 지내고 싶은 사람들을 잠시 생각해본다. 이들이 가진 공통점이나 특징은 무엇인가? 특별히 그들에게 마음이 끌리는 이유는 무엇인가? 그들과 공유하고 있다고 생각되는 것이 있다면 무엇인가?

앞으로 계속 친분을 쌓고 싶은 사람들과 당신이 공유하는 특징이나 성격을 파악했다면 이제 이런 특징이나 성격을 가진 사람들을 더 많이 알고 교제할 수 있는 인맥을 넓혀가는 일에 주력한다. 성공한 사람들의 주변에는 항상 성공한 사람들이 많다. 그리고 명단에 적힌 사람들은 각자 또 다른 많은 사람들과 교제하고 있을 것이다. 좀더 친밀해지면 상대방에게 중요한 친구들을 소개해 달라고 부탁한다.

 **커뮤니케이션 능력을 높여라**

우리가 갖는 모든 만남에서 상대방의 표정이나 태도는 무엇보다 중요하다. 따라서 내가 먼저 관심을 나타내면 상대도 관심을 보일 것이다. 당당하게 행동하고 진지한 태도로 상대의 말에 귀를 기울이는 자세가 무엇보다 중요하다.

여기에서 '커뮤니케이션 능력'은 모든 이에게 중요한 능력 중의 하나이다. 이 능력은 두 가지로 나눌 수 있는데 상대방의 이야기를 듣고 이해하는 능력과 상대방에게 자신의 생각을 잘 이해시키는 능력이다. 커뮤니케이션 능력이 뛰어난 사람이란 '잘 듣는 사람'인 동시에 '말을 잘하는 사람'이다. 그런데 이 두 가지 능력은 감성을 다스리는 우뇌와 이성을 다스리는 좌뇌에 의해 결정된다고 한다.

상대방이 이야기하는 경우부터 생각해보자. 상대방이 생각을 논리정연하게 말하지 않고 생각나는 대로 무작정 단어를 나열할 때는 감성과 사물을 받아들이는 우뇌의 활동이 필요하다. 자신의 생각을 마음껏 말하고 정확히 전달하려면 누가들어도 이해하기 쉽도록 차근차근 이야기해야 하는데 여기에는 이론을 담당하는 좌뇌의 활동이 필요하다. 커뮤니케이션은 우뇌로 '입력'하고 좌뇌로 '출력'하는 능력이다. 커뮤니케이션 능력을 제대로 갖춘 사람은 일반적으로 20명에 한 명 정도, 약 5퍼센트 정도이다. 대단히 드물고 수준 차이도 크다.

가장 기본적인 단계는 상대가 무슨 말을 하는지 이해하는 능력이다. 이 부분이 미흡하면 커뮤니케이션 능력은 없는 거나 마찬가지다. 아무리 성적이 우수한 사람이라 해도 취직은 아예 포기하는 편이 좋다.

다음은 상대가 말로 표현하지 않아도 납득할 수 있는가의 능력이다. 예를 들어 상대방이 '너 같은 사람은 싫어!'라고 생각하는 것을 알아챌 수 있는가이다. 주로 분위기 파악을 잘하는 사람을 말한다.

단체 여행이나 모임에서 인기 있는 사람들을 관찰하는 것도 좋은 방법이다. 대체로 그들은 분위기를 띄우고 화제도 적절하게 잘 바꾸는 것을 알 수 있다. 그와 반대인 사람은 어떠한가? 분위기 파악을 못하고 흥을 깨기 일쑤다. 일부에서 "저 사람 왜 저래?"라며 따돌리는 것조차 눈치 채지 못한다.

가장 높은 단계의 사람은 소수이다. 여기에 속한 사람들은 상대의 감정은 물론 다른 부문까지 이해할 수 있는 능력이 있다. 예를 들어 '조금만 값을 깎아 주면 좋겠는데'라든지 '이 사람 머리가 나쁜 거

아니야?'라는 식으로 상대방의 마음까지도 읽어 낸다. 이것은 이론적 발상력이 없으면 어렵다.

타인에게 자신의 생각을 전달하는 것이 얼마나 어려운 일인지를 이해해야 한다. 흔히 직장에서 일어나는 일로 대화에서 '말했다'와 '말하지 않았다'를 놓고 논쟁하는 경우가 생긴다. 그 때 "전에 내가 말하지 않았냐?"를 연발한다면 커뮤니케이션 능력이 떨어지는 사람이다. 말하기만 하면 다 전달된다고 생각하고 상대방이 정말로 이해했는지 확인하지 않았기 때문이다. 자신의 생각을 타인에게 전달하는 것은 매우 어렵다. 그 점을 이해하고 노력하며 이야기하는 사람이야 말로 진정한 커뮤니케이션의 달인이라고 할 수 있다.

커뮤니케이션 테크닉

커뮤니케이션 능력을 어떻게 판단할 수 있는가? 기본적인 테스트는 불가능하지만 상담해보면 알 수 있다. 판단 기준은 다음과 같다.

- 말하는 속도가 적절하고 막힘이 없는가?
- 자신의 이야기를 듣는 상대방의 기분을 파악하고 있는가?

커뮤니케이션을 잘하는 사람은 말하는 속도가 빠르다. 단순히 말을 빨리한다는 의미가 아니라 말할 때 조리 있고 거침없다는 뜻이다. 하나를 들으면 열을 이해해 일일이 설명할 필요가 없으므로 대화가 신속하게 이루어진다.

머리가 좋은 경영자일수록 계획, 비전, 신상품에 대한 의견을 짧게 설명하는 경향이 있다. 따라서 그것만으로 뜻하는 의미, 추구하는 뜻을 알아내려면 앞서 말한 커뮤니케이션 능력이 필요하다. 일반적으로 경영자들은 성격이 급하다. 차분하게 순서대로 설명하는 것을 기다릴 여유가 없다. "오케이, 그건 됐고, 그 다음!" 이런 식으로 자신의 템포로 대화하고 싶어 한다.

커뮤니케이션 능력을 판단하는 좋은 방법은 그룹 토의이다. 대화를 쫓아가지 못하는 사람은 커뮤니케이션 능력이 떨어진다고 보면 된다. 다른 방법은 화자가 상대방의 반응을 살피는가를 제3자의 눈으로 관찰하는 것이다. 커뮤니케이션 능력이 뛰어난 사람은 상대방의 반응을 살펴보면서 말한다.

자신이 말할 때 상대방의 태도를 보라는 것이 아니다. 면접을 예로 들면 이해하기 쉽다. 면접관이 이야기하면 지원자들은 열심히 고개를 끄덕이며 어떻게든 '지금 열심히 경청하고 있다'는 태도를 보이려고 노력하는데 그런 태도를 보라는 것이 아니다.

말이 너무 길면 듣는 사람이 지친다. '이제는 좀 그만하지, 너무 지루하군…' 이런 상황을 금방 눈치 챘다면 커뮤니케이션 능력이 우수하다고 할 수 있다. 그런 사람은 말할 때 반드시 상대방의 태도를 본다. 그리고 임기응변에도 능하다. 그러나 오로지 자신이 하고 싶은 말과 초점을 벗어난 이야기를 끝없이 하는 사람은 커뮤니케이션 능력이 없는 사람이다.

만일 커뮤니케이션 능력을 키우고 싶은데 어떻게 해야 할지 모르겠다면 실적이 뛰어난 영업사원을 관찰해 보도록 한다. 실적이 뛰어난 영업사원은 대체로 커뮤니케이션 능력 또한 뛰어나다. 그들이 하는 행동을 자세히 살펴보면 어떻게 해야 하는지 알 수 있다. 상대방이 말을 듣는 자세, 주문하는 방법, 술잔이 빈 것을 눈치 채는가 등을 주의해서 보면 분위기를 읽을 줄 아는 사람이 어떤 사람인지 쉽게 알 수 있다.

Chapter 05

정보란 무엇인가

정보가 핵심이다 ● 외국 지역전문가가 인기다 ● 글로벌 정보가 비즈니스를 창조한다 ● 정보 커뮤니케이션 능력이 중요하다 ● 남과 어울리기 싫어하면 정보는 멀어진다 ● 정보는 힘이다 ● 어떤 사람이 미움을 받는가 ● 정보는 속도가 생명이다 ● 커뮤니케이션의 벽은 정보를 차단한다 ● 뛰어난 정보 전달 능력이 성공을 부른다

자신을
경영하라
Self-Management

정보가 핵심이다

    21세기는 하루가 다르게 급변하는 시대이다. 그리고 변화의 속도는 따라잡을 수 없을 만큼 빠르다. 사람들의 가치관과 발상도 빠른 속도로 변화한다. 그리고 일을 처리하는 방법 또한 빠르게 변해간다. 이런 변화에 능동적이고 신속하게 대응하기 위해서는 필요한 정보를 남보다 재빨리 수집하여 변화에 적응해가는 자세가 중요하다.

  이런 점에서 미국의 IBM에서는 다음과 같은 다섯 가지 훈련 방법을 지속적으로 추진하고 있다.

  첫째, 본다.

  둘째, 듣는다.

셋째, 토론한다.

넷째, 생각한다.

다섯째, 실행한다.

IBM에서는 이와 같은 훈련 방법을 통해 정보를 얻는 감각을 높이고 시대 변화에 보다 신속하게 적응할 수 있는 능력을 연마하고 있다.

최근 국가 간의 협상에서 자국의 이익을 극대화하기 위한 정보 수집 경쟁은 총성 없는 전쟁이다. 치열한 경쟁이 계속되고 국제관계에서 빠르고 정확한 정보를 얻게 되는 것은 누가 먼저 유리한 고지를 점령하는지를 결정하는 중요한 열쇠이다. 신속하고 정확한 정보를 수집하기 위해, 혹은 상대 국가에 잘못된 정보를 흘려 혼란에 빠뜨리기 위해 각 나라는 다양한 통로를 통해 로비활동을 벌이거나 스파이까지 보내고 있다.

우리나라도 국제사회의 일원으로 치열한 정보전쟁을 벌이고 있다. 정보에 뒤떨어지는 것은 그만큼 낙오되고 고립되는 것을 의미한다. 우리나라는 그 동안 이러한 정보에 대해 그다지 민감하지 못했던 것이 사실이다. 얼마 전 국가경제와 무역에 중대한 영향을 미치는 FTA 협상 과정에서 우리나라 외교팀은 협상다운 협상 한번 해보지 못하고 거의 모든 부분을 양보한 적이 있었다. FTA에 대한 사전 지식이 충분히 있었더라면, 협상 상대국의 변화를 좀더 잘 읽었더라면 하는 아쉬움이 오랫동안 남았던 것이 사실이다.

이것은 국가만이 아니라 국내 기업들도 취약한 정보 감각에서 벗어나지 못한 경우가 많다. 한국 대기업들이 본격적으로 해외시장으로 눈을 돌린 것은 그리 오래되지 않았다. 기업이 형성된 것 자체가 전쟁 이후 경제 개발 정책과정에서 시작된 것이니 우리나라 기업의 역사는 짧을 수밖에 없다. 이렇게 짧은 기간에 취약한 기반으로 해외시장을 상대하다보니 자연히 값싼 노동력으로 제품 단가를 낮출 수밖에 없었고 정확한 정보를 바탕으로 하기보다 주먹구구식의 밀어붙이기가 될 수밖에 없었다. 이런 이유로 1990년대에는 협상 능력이 뛰어난 직원 한 사람이 어떻게 하느냐에 따라 수출의 성패가 좌우되는 경향이 강했던 것이다. 그러나 지금은 그런 방식으로는 결코 살아남을 수 없다.

21세기로 접어든 지금, 한국 기업이 성장하기 위해서는 기업 전체가 정보를 받아들이고 활용하는 데 있어 외국의 대기업들에 뒤지지 않을 만큼의 정보 경쟁력을 갖춰야 한다. 더 이상 값싼 제품만으로 승부를 걸 수는 없는 시대이다. 이제 소비자들은 가격이 비싸더라도 우수한 제품을 선호하며 조금이라도 허술한 제품은 모두 클레임이 걸린다. 이러한 시대에는 뛰어난 제품을 만들어내는 기술력과 함께 경제 상황의 변화를 재빨리 파악하고 그것을 따라잡을 수 있는 정보력이 필수적인 요소이다.

따라서 이제부터 기업 내에서 유능한 사원 또는 정보통으로 인정받기 위해서는 자신의 업무는 물론이고 치열한 글로벌 경쟁 전반에 대한 나름의 안목과 정보에 대한 빠른 판단력을 지니고 있어야 한다. 기업은 항상 미래를 내다보아야 하기 때문에 정보에 둔감한 사람은 21세기를 경영하는 기업에서는 생존하기 어렵다. 외국의 유명한 신문이나 잡지를 열심히 구독하는 직장인의 모습은 세계적인 흐름을 민감하게 파악하려는 의지로 보인다. 글로벌 시대의 비즈니스맨에게는 꼭 필요한 습관이다.

정보라는 것은 고정된 것이 아니라 항상 변하는 것이다. 각자 자기 나름대로의 방식으로 다양한 정보들을 수집하고 분석하는 일, 또한 그 변화에 따라 필요한 정보와 그렇지 않은 정보를 구분하는 일, 그리고 자신이 지닌 정보를 유효적절하게 사용할 줄 아는 능력은 앞서가는 비즈니스맨이 되기 위해 필수적인 요소이다.

과거에는 자기가 맡은 일만을 열심히 하는 것이 최상의 가치였다. 이것저것 다른 분야에 신경을 쓰는 것은 오히려 시간과 능력을 낭비하는 일로 여겨져 왔다. 그러나 이제는 시대와 환경, 그 모든 것이 변했다. 자신의 일밖에 모르는 사람, 주위에서 어떤 일이 일어나건 상관없이 내 일만 제대로 하면 된다고 생각하는 사람은 이제 외통수라는 소리를 들으면서 낙오하게 된다.

따라서 시대 변화의 흐름에 자신을 맞춰갈 수 있는 능동적이고 열정적인 사람이 환영받는다. 21세기 정보전쟁에서 살아남기 위해 발빠르게 움직이는 사람이 되도록 노력하자. 이것은 국가와 기업의 요구이다.

외국 지역전문가가 인기다

얼마 전부터 국내에서 손꼽히는 대기업들의 신입사원 모집광고에 심심찮게 등장하는 조건이 '해외여행 경험자 우대'이다. 기업만이 아니라 일반 중소기업들도 한번쯤 나라 밖으로 발걸음을 돌려본 사람들을 찾는 경향이 눈에 띄게 나타나고 있다. 외국어 능력은 기본이 된 지 오래다.

똑똑하고 참신하고, 외국어도 잘하고, 게다가 글로벌 시대에 맞게 외국을 돌아다녀본 경험까지 있는 신입 사원들이 많아지고 있는 것이다. 성장을 위한 노력은 하지 않고 지금 상태로 만족해 있다가는 글로벌 시대에 맞는 후배들에게 밀려나지 않으리란 보장이 없다. 이미 근무하고 있는 직장인들도 세계적인 변화의 흐름에 재빨리 적응해 나가야 한다. 이런 30대들을 위해 몇 년 전부터 각 기업에서는 젊고 유능한 사원들을 외국으로 내보내 현지 경험을 쌓게 하는 프로그램들을 속속 추진하고 있다.

　글로벌화의 대상이 영어권의 나라들만이 아니라 이제 지구 곳곳의 모든 나라로 향하면서 그만큼 중요한 비중을 차지하게 된 것이 언어의 문제이다. 영어는 말 그대로 기본이고 중국어, 일본어, 독일어, 프랑스어 등을 배우기 위해 학원을 찾는 직장인들이 늘어나고 있다.

　중국이 시장을 개방했을 때 우리나라 많은 기업들이 중국으로 진출했다. 지리적으로 가깝고 값싼 노동력을 이용할 수 있기 때문이었다. 그리고 개발 가능성이 큰 중국 대륙으로 진출한다는 것은 당연한 일이기도 했다. 기업들이 중국으로 진출하면서 가장 큰 문제가 된 것이 바로 언어였다. 사회주의 국가인 중국과 수교를 맺고 교역을 하리라고 미처 예상하지 못하고 중국어를 익힐 생각을 하지 못했던 것이다. 이런 중국의 개방을 예상하고 서둘러 중국어를 배워둔 몇몇 사람들이 이때 빛을 발휘했던 것은 당연한 일이다. 남들보다 한 발 먼저 중국어를 익힌 사람들은 파격적인 승진, 높은 임금 등의 대우를 받으며 대륙 개척의 첨병이 되었다.

　남보다 먼저 시대의 변화하는 흐름을 파악하는 것은 이렇게 중요한 것이다. 교역의 상대국이 과거와는 비교도 할 수 없게 다양해진 지금에는 다양한 언어를 습득하는 것도 빼놓을 수 없는 일이다. 국내 한 대그룹은 사원들을 2~3년간 외국에 파견하면서 단순한 어학

연수가 아닌 그 지역에 대한 철저한 전문가가 되도록 하는 과정을 추진하고 있다. 숙소도 호텔이 아닌 민박을 이용하도록 하고, 널리 알려진 국제도시만이 아니라 작고 알려지지 않은 지역으로 사원들을 파견해 그 지역의 언어는 물론 생활과 문화 전반에 친숙해지도록 하는 훈련이다.

하나의 기업에는 많은 직원들이 있다. 이 직원 한 사람 한 사람이 각자 지구촌 어느 한 곳에 대해서 전문가가 된다고 생각하면 이 기업은 말 그대로 국제화로 가는 고속도로를 닦는 것이나 마찬가지이다.

외국인을 만났을 때, 우리말을 전혀 못하고 우리의 문화에 대해 무지한 사람을 보면 어쩐지 건방지고 거만해 보이지만 우리 문화에 스스럼없이 젖어들고 서툴더라도 우리말을 쓰는 사람을 만나면 괜히 반갑고 무엇이든 도와주고 싶다. 이건 우리만이 아니라 세계 모든 민족과 국가들의 공통된 현상이다. 언어는 그만큼 강한 친화력을 가지고 있다.

국제적으로 가장 널리 통용되는 언어인 영어를 유창하게 할 수 있어야 하는 것은 물론이지만 상대방이 영어를 모른다고 교역을 중단할 수는 없는 일이 아니겠는가? 영어 이외에도 수많은 언어 중 한 가지쯤은 익혀두는 것이 지혜로운 자의 임무이다. 적어도 업무에서 특정한 한 지역이 나왔을 때 사람들이 모두 '아, 그 지역은 이 사람이 정통하지'라고 생각할 수 있도록 하자.

예로부터 언어는 한 나라와 민족의 생활, 문화 전반을 이해하기 위한 가장 큰 열쇠가 되어 왔다. 세계가 하나가 되고 각 대륙 간에 통합의 조짐이 보인다고 해도 언어가 통일되는 것은 결코 쉽지 않은 일이다. 아직은 세계를 향해 우리말을 배워 오라고 말할 처지가 아닌 대한민국의 직장인들에게 외국어는 필수일 수밖에 없는 것이다.

하나의 언어 문화권, 또는 한 지역에 대해 능숙한 전문가가 되도록 하자. 이것은 또 하나의 노하우가 되어 당신을 빛나게 만들 것이다.

글로벌 정보가 비즈니스를 창조한다

한국 사람들도 외국인들을 접할 기회가 부쩍 늘어나고 있다. 그러면서 우리나라 사람들의 매너에 관한 문제가 자주 사람들의 입에 오르내리는 것을 듣게 된다. 그 중 대표적인 것이 아마도 1988년 해외여행 자유화 이후 외국여행을 나선 사람들이 보인 추태에 관련된 이야기들일 것이다. 비행기나 기차 안에서 술을 마시고 소란을 피운 사람들, 호텔에서 늦게까지 고성방가를 해 쫓겨난 사람들을 비롯해 쇼핑센터를 거의 싹쓸이 하다시피 한 졸부들 등 신문이나 방송에 보도된 사례만도 수십 가지에 이른다.

결국 우리나라 사람들이 외국에서 기피하는 여행객으로 꼽히는 등의 국제적인 망신까지 당하게 되었다. 나이가 많은 노인들만이 아니라 젊은 사람들까지도 이렇게 매너를 제대로 지키지 않는 사례가 많다고 하는데 이것은 한번쯤 깊이 반성해야 할 일이다. 각 나라의 문화적 차이로 인한 실수라면 적당히 이해하고 넘어갈 수 잇겠지만 누가 보아도 눈살이 찌푸려질 만한 일들이 많았던 것이 사실이다.

여행뿐만 아니라 출장이나 바이어 접대에 있어서도 이런 일들이 종종 일어나곤 한다. 상대방의 입장이나 시선을 전혀 의식하지 않은 행동으로 바이어들의 기분을 상하게 만들어 결국은 협상이나 거래가 결렬되는 경우도 있다.

대표적인 경우가 외국 사람과 얘기를 하다 말고 중간에 우리나라 사람들끼리 우리나라 말로 상대방의 험담을 늘어놓거나 귓속말을 하는 경우이다. 협상 중에 이러한 태도는 상대방을 무시하고 있다는 의미로 느껴질 것이 당연하다. 외국 바이어에게 두고두고 좋지 못한 인상을 남겨주는 일이다.

세계를 무대로 활동하는 샐러리맨이라면 국제적인 매너를 익히는 것도 빼놓을 수 없는 중요한 일이다. 외국 사람들은 아무리 친밀한 관계라도 기본적인 매너를 철저하게 지키는 것이 생활화되어 있기 때문에 항상 주의해야 한다. 적당히 긴장이 풀어진 것을 친밀감의 표시로 받아들이는 우리나라 사람들과는 많은 차이가 있다.

　매너를 지킨다는 것은 기본적인 예의를 갖추는 것이지 무조건 상대방의 방식에 맞추는 것은 아니라는 사실도 명심해야 한다. 과거 우리나라 사람들의 좋지 못한 습관 중 하나가 외국인들 앞에서 필요 이상 허리를 굽히는 것이었다. 하다못해 교통 위반으로 걸려도 외국인이면 그냥 통과되는 일이 많았었는데 로마에 가면 로마법을 따르라는 말과 같이 우리나라 안에서는 우리나라 법규를 지키는 것이 당연한 일이다. 가령 국제운전면허증이 있는 운전자라면 각 나라의 교통 법규를 지키면서 운전할 수 있다는 국제적인 승인이지 외국인이니 잘 모를 수 있으리라고 넘어가는 면책 면허가 아니다. 지나친 저자세를 보일 필요가 없다. 글로벌시대의 교류는 어디까지나 서로 대등하게 이루어지는 것이며 우리가 필요 이상으로 고개를 숙일 이유는 없는 것이다.

　과거에는 외국에 나가면 일본 사람이라고 속이는 한국인들도 많았다. 외국에서 우리나라를 잘 알지도 못할뿐더러 아시아에서 가장 빠른 경제성장을 이룬 일본에 대해 외국인들의 태도가 눈에 띄게 달랐기 때문이었다. 그러나 이제 그런 모습은 찾아보기 힘들게 되었다. 우리나라도 그만큼 성장을 했으며 적어도 한국을 모르는 사람들은 없다. 또한 우리나라에 대한 일반적인 인식도 매우 좋아졌다.

이제부터 세계 속에서 한국의 얼굴을 만들어 나가는 것은 해외 진출이 가장 활발한 30대, 40대들의 몫이다. 교양과 매너를 잃지 않는 생활을 항상 염두에 두도록 하자. 외국 유학이나 연수를 통해 그 나라와 그 지역만의 독특한 문화, 특히 예절을 몸에 익히는 것은 무엇보다 중요하다. 각 나라는 나름대로 독특한 문화를 가지고 있고 종교적인 이유에서나 지역의 차이 등으로 인해 서로 이해하기 어려운 부분도 있다. 그러나 그런 사람들 사이에는 암묵적인 약속을 통해 서로 통용되는 매너가 존재하게 마련이다. 21세기에 우리가 어떤 나라, 어떤 국가를 상대할 것인지는 아무도 모르는 일이다. 중요한 것은 세계 곳곳을 내 집처럼 넘나들며 일을 하게 되는 것이며 그러한 미래를 위해 충분히 준비해야 한다는 사실이다.

 **정보 커뮤니케이션 능력이 중요하다**

우리에게 공통적으로 중요하다고 생각되는 능력은 전달 능력, 넓은 의미에서의 커뮤니케이션 능력이다.

전달 능력은 자신의 주위 사람들을 자신이 의도하는 방향으로 움직이게 하는 영향력과 조직의 유기적 활동을 확보하는 데 필수적인 연락 능력으로 나눌 수 있다. 우선 '영향력'부터 검토해보겠다.

예로 자신의 부하 직원에 대해서는 강한 반면, 상사를 설득하고 자신의 주장대로 업무를 이끌어나가는 힘은 약한 간부가 있다 또는 자신과 동료 간부와 협력 체제를 구축하여 상사에게 압력을 가할 수 있는 능력이 부족한 간부도 있다.

상급 간부에 대한 여러 가지 문제점을 파악하고 있더라도 자신의 의견을 전달하거나 관철시키러 갔다가도 맥없이 돌아온다. 그리고 부하에게 "우리 부장은 너무나 머리가 둔해"라고 변명하면서 자신의 무능력함을 상사 탓으로 돌린다. 이런 경우는 최악의 간부라고 할 수 있겠지만 모든 잘못을 상사에게 떠넘겨버리는 간부가 있는 것도 사실이다.

지금 CEO나 중역은 옛날과 달리 회사 내부의 모든 일을 상세히 파악하기 어렵다. 따라서 각 부서의 중견 간부가 스스로 내부의 모든 상황에 대해 꼼꼼하게 파악하고 있어야 한다. 그리고 그 해결책을 자주적으로 추진해나가기 위해서는 부하 직원을 비롯한 다른 동료 간부, 나아가 CEO나 임원까지 효과적으로 설득하여 완성해가는 노력과 책임을 다해야 한다.

그리고 '상사와는 농담도 통하지 않는다'는 생각은 근본적인 편견에 속하는 것으로, 아직도 지난날의 고용인 의식에서 벗어나지 못했다는 증거다.

간부는 부서 내에서만 큰소리 쳐서는 안 된다. 부하 직원은 자기 상사가 CEO와 임원 간부와 마주했을 때 무능력해지는 순간을 잘 간파하기 때문이다. '당신은 강한 척하고 있지만 어차피 상사를 설득할 수 없다'고 인식되어서는 안 된다. 어떤 의미에서 부하 직원에 대한 리더십은 상사와 동료에 대한 영향력의 정도에 따라 결정된다고 보아야 한다. 당신은 이 문제에 대해 어느 정도 자신감을 갖고 있는가.

CEO나 임원(중역)을 설득하여 업무를 자신의 주장대로 실현하기 위해서는 무엇이 중요할까? 무엇보다 CEO와 중역의 판단 방식에 대해 알아야 한다. 어느 정도의 규모를 지닌 회사 CEO는 중요한 사안을 결정하는 데 있어 매우 어려운 입장에 처하기도 한다. 모든 과정에 대해 구체적으로 손바닥을 들여다보듯 파악한다는 것이 불가능한 상태에서도 어쨌든 결정해야 하는 입장이기 때문이다. 지금의 경제계는 고객의 상황, 신기술, 사내 각층의 사고방식 등에 극심한 변화를 겪고 있기 때문에 아무리 상황을 구체적으로 파악하고 있다고 해도 잘못 알고 있다거나 빠르게 변화한 상황을 파악하지 못한 경우가 많다.

이 점에 대해서는 대부분의 CEO 역시 인정하고 있다. 과거처럼 '알고 있는 셈 치고'의 방식으로 대충 넘겼다가 예상외의 결과에 놀란 경험이 있기 때문이다. 그럼에도 불구하고 CEO는 결정을 내려야 한다. 결정을 지연시킨다면 부하 직원이 업무를 제대로 처리하기 어렵고 결정적인 순간을 놓치게 될 우려도 있기 때문이다.

이런 딜레마를 CEO는 어떻게 해결하고 있는가. 제안한 안건의 가부可否 결정을 검토하기보다는 제안자 본인이 어느 정도 철저하게 그것을 연구하고 어떤 수준의 계획을 가지고 있는가를 먼저 파악하는 것이 핵심적인 해결 방법이다.

그러기 위해 일반적으로 택하는 방법의 하나는 부서장이 가져온 제안을 전부 거절해버리는 방법이다. 뭐든지 핑계를 대고 '안 된다'고 한다. 그러면 제안자는 맥없이 돌아서자마자 '역시 그러지 않는 게 좋겠어'라고 생각하면서 다시 시도하려 하지 않는다.

이것은 바쁜 CEO의 입장에서 보면 상황 판단에 있어 꽤 실제적인 방법이라고 할 수 있다. 그러나 제안자의 생각은 다르다. '우리 CEO는 아무래도 판단 능력이 부족한 것 같아'라고 생각하게 된다.

많은 사원들이 이런 상황에 처하면 앞으로는 아무것도 생각하거나 시도 하지 않으려 한다. 그때의 그는 패배자인 것이다. 그러나 한 번 거절당했다고 해서 단념해버리는 것은 어리석은 일이다.

설득의 첫째 조건은 필요하다면 몇 번이라도 방법을 바꿔가면서 철저하게 설득 작업에 임하는 것이다. 파상공격으로 자신의 제안을 받아들이도록 만들어야 한다.

강한 확신이 있다면 끝가지 버텨 주장을 관철시켜야 책임을 다하는 것이라 할 수 있다. 몇 번의 시도, 몇 개월의 시간이 걸리더라도 해내겠다는 각오가 중요하다. 정면 공격이 실패한다면 측면 공격과 후면 공격도 있음을 잊어선 안 된다. 그렇게 하여 제안 자체에 문제가 없음을 증명시키는 것이 중요하다.

남과 어울리기 싫어하면 정보는 멀어진다

흔히 정보를 수집하는 능력은 사람마다 차이가 있다고 한다. 그렇다면 그 원인은 무엇일까?

정보 수집에 뛰어난 사람들이 공통적으로 지니고 있는 자질은 바로 호기심이다. 구경꾼처럼 '일단 한번 보자'는 식의 호기심을 가지고 어떤 사건이 발생하면 곧바로 달려가는 행동력이 없으면 정보를 수집할 수 없다. 회사에서도 이런 호기심 강한 사람들에 의해 뜻밖의 좋은 정보를 획득할 수 있다. 호기심이 강한 사람과 대화를 하다 보면 그 재미에 빠져 몇 시간씩 이야기를 나누게 된다. 상대방이 자신의 생각과 반대되는 화제를 주장하고 있어도 호기심이 왕성한 사람의 이야기는 독특한 시각이 있기 때문에 흥미가 생긴다. 그 의견에 동의하는 것은 별개의 문제이다.

이렇듯 호기심이 강한 사람은 많은 사람들에게 관심을 끌고 그로 인해 서로 대화를 나눌 수 있기 때문에 자연스럽게 정보를 수집하게 된다. 결국 정보 교환이 이루어져 서로 이득을 보는 것이다. 정보화 시대에 정보는 곧 돈이다. 그리고 인맥을 통하여 얻는 정보는 살아 있는 정보이다. 따라서 정보를 수집하기 위해서는 남다른 호기심이 있어야 한다. 어느 경영 컨설턴트로부터 정보의 중요성에 관한 이야기를 들은 적이 있다. 당시의 이야기는 공식적인 정보였지만, 무엇보다 화제가 풍부했고 게다가 말하는 솜씨가 뛰어났다. 다른 사람과 어울리는 것을 싫어한다면 비공식 정보는 수집하기가 더 어렵다. 고서에 파묻혀 몇 년에 걸쳐 연구하고 논문을 쓰는 학자라면 다른 사람과 어울리기 싫어해도 무방할지 모른다. 그러나 빈번히 비공식 정보를 수집해야 하는 사업가가 다른 사람과 어울리는 것을 싫어하면 곤란하다.

정보 수집에 뛰어난 사람이 지니고 있는 또 다른 자질은 성실이다. 인간관계가 성실하고, 특히 타인과 만나 대화하는 것을 즐거워하기 때문에 시간이 허락하는 한 최대한 얼굴을 내민다.

인간은 사회적 동물인 이상 커뮤니케이션을 단절하고 생존한다는 것은 불가능에 가깝다. 사회생활 특히, 비즈니스를 하면서 살아가는 우리들이 정보와 커뮤니케이션으로부터 단절된다는 것은 현실 사회로부터의 도피라고 볼 수 있다. 비즈니스 사회는 정보의 네트워크를 존립 기반의 하나로 하고 있으며 따라서 비즈니스맨은 원하든 아니든 그 네트워크에 연결되어 스스로의 위치를 정하고 있는 것이다. 물론, 그 가장 강력한 연결은 인맥, 인연이라고 하는 사회의 네트워크 속에서 발견할 수 있다. 그러나 인맥도 경제 사회 시스템인 이상 외부의 정보 네트워크와 관계를 갖지 못하면 존재가치가 불투명해지게 된다. 따라서 필연적으로 타인과의 빈번한 교류를 통해 사업에 대한 제반 기능을 재생산시킬 수 있도록 하는 능력이 요구되고 있다.

이런 점에서 정보의 생산자는 다름 아닌 인간이며 그 이외에서는 존재할 수 없는 것이다. 따라서 사업 외의 사람들과 교류한다는 것이 필수불가결한 조건이다. 직장인들은 기업이라고 하는 일종의 커뮤니티 속에서 자기의 능력을 육성하기 위해서는 사외 인맥은 무엇보다 중요한 자산이 아닐 수 없다.

그러나 실제로는 회사 생활을 하다보면 회사 밖 인맥과의 교류는 예상외로 곤란한 경우가 많으며 그 중요성에 대해서도 관심을 소홀히 하는 사람들이 많다.

그렇다면 어떻게 해야 회사 밖의 사람들과 교류를 원활하게 유지, 발전시킬 수 있을 것인가? 이를 위해서는 우선 인맥에 관한 많은 정보를 수집해야 한다. 그리고 타 업종의 사람을 많이 만나야 한다. 최소한 하루 10여 명의 사람들과 대화하고 교류할 필요가 있다. 유명한 이야기로 "만나는 사람 모두가 스승이다"라는 명언이 있다.

특히 비공식 정보를 수집하는 데에는 이러한 방법이 필요하다. 실제로 이런 방법을 이용한 사람들은 평상시에 공식 정보는 믿을 수 없다는 의문을 가지고 있다. 공식 정보만을 믿어버리면 진실을 전달하는 정보를 간과해버릴 위험성이 있다.

 ## 정보는 힘이다

정보를 얼마만큼 기록했는지, 얼마나 모았는지도 정보 수집의 핵심 요소가 된다. 나는 경제와 관련된 정보나 정부의 새로운 정책에 관한 정보를 수집코자 노력하고 있다. 예를 들면 관공서에서 산업계의 정책 변화라든가 새로운 프로젝트가 있으면 강의를 들으러 간다. 신문에 실린 기사보다 좀더 상세한 내용을 알고 싶을 때는 질문을 해서 알아낸다. 그럴 때 그 쪽에서 "소개서가 있습니다. 이것을 한 부 가지고 가서 읽어 보세요"라고 하는 것이 고작이다. 뭐가 더 없을까 하고 끈덕지게 물어봐도 더 이상 가르쳐 주지 않는다. 오히려 "당신 어느 신문 기자요?"라며 추궁당하는 경우도 있었다. 전문지식 없이 세미나, 학회에 참석하는 것은 별 볼일 없이 얼

쩡거리는 주변인 취급을 받는다는 것을 알았다.

당시에 유용한 정보를 수집할 수 없었던 원인은 미리 알고 있어야 할 지식과 정보가 부족했기 때문이다. 그렇다면 얼쩡거리는 주변인에서 벗어나려면 어떻게 해야 하는가? 무슨 특효약이 있을 리 없다. 일단 자신에게 문제가 없는지 살펴봐야 한다. 전문적인 세미나 같은 곳에서 전문가와 얘기를 나눌 수 있는 정도의 지식을 습득하고 있어야 한다. 대화를 나눈 상대방이 문외한이라면 새로운 정보를 알려줄 리가 없다. 전문적인 얘기를 나누는 과정에서 비공식 정보가 수집되는 것이다. 말하자면 토론 과정에서 비공식 정보가 얻어지는 패턴이다. 일방적인 설명만 들어서는 공식 정보는 수집되지 않는다. 따라서 비공식 정보는 본인의 실력에 따라서 수집된다고 볼 수 있다.

정보가 모이는 사람에게는 일정한 성격의 패턴도 존재한다. 인간의 성격을 돈키호테형과 햄릿형으로 나누면 누구나 햄릿형을 지향한다. 그러나 정보를 수집하기 위해서 때로는 돈키호테가 되는 것도 필요하다. 세미나 · 연구회 등을 열어 자주 모이자고 주장하는 것도 돈키호테형이다.

물론, 이러한 주장이 때로는 좋지 않은 추태로 보일수도 있지만 그러한 위험은 각오해야 한다. 이러한 위험을 의연하게 극복하는 것이 돈키호테이고 피하는 것이 햄릿이다. 단지 돈키호테는 언제나 무시당하니까 1주일에 3일간은 돈키호테로 지내고 남은 3일은 햄릿으로 보내는 융통성이 있다면 이상적이라고 할 수 있다.

 **어떤 사람이 미움을 받는가**

　　　　　　상사를 설득하는 것이 불가능하다면 그 원인은 본인에 대한 상사의 색안경이 작용되는 경우도 있다. 즉, 신뢰감이 부족해 '자네는 믿을 수가 없어'라고 생각하고 있는 경우이다.

　그런 생각에는 강한 선입관 때문에 어려움이 많다. 이와 같은 경우, 원망하는 감정에 빠져 있거나 반항적인 행동을 한다면 사태 개선에 도움이 안 된다. 인간관계에서 갑자기 신뢰를 잃는 경우는 드물다. 몇 번인가 실망스런 일이 반복되어 쌓이면서 회복되지 않는 상태가 되는 것이다. 중요한 것은 우선 스스로 반성하는 것이다.

　신뢰를 잃는 것은 한두 번의 실수로 충분하지만 다시 신뢰를 얻기 위해서는 오랜 시간과 많은 노력을 필요로 한다. 그런 방법이 마음에 들지 않는다면 자청하여 이러한 선입관이 없는 장소로 옮긴 후에 새롭게 변신하는 방법밖에는 없다.

　자신의 믿음에 따라 상사를 설득할 수 있는 능력은 부하 직원에게 요구되는 가장 기본적인 능력이다. 그렇지만 무엇보다도 이 힘의 원천은 열의에 있다. 자신의 위치에 안주해버린 채 몸을 사리면서 업무를 진행시킨다면 이 능력은 창조되지 않는다. 이런 능력을 얻기 위해서는 현재와 미래의 문제를 확실하게 파악해야 한다. 철저하게 문제를 검토하여 얻는 확신은 무엇보다도 강한 지도력의 근원이라고 할 수 있다.

예를 들면, 간부가 10~20명 이상 되는 대부분의 회사나 공장에서는 동료 간부들 사이에서 멀리하는 인물이 반드시 몇 명은 존재한다. 그런 간부는 업무를 진행시키면서 못마땅한 심기를 노출시킨다. 갑자기 무슨 이유든 들먹이면서 주위를 피곤하게 하는 스타일이다. 다시 말하면 독단형 간부다. 부서 간의 협력도 좋지 않고 불협화음도 자주 발생시킨다. 이에 따라 주위의 사람들은 긁어 부스럼 만들지 않으려고 그 간부를 소외시켜버리게 된다.

이와 같이 왕따 간부는 동료들 사이에서 문제의 인물로 소문이 나지만 정작 당사자는 이 사실을 조금도 느끼지 못하는 경우가 많다. 당신의 주위에도 한두 명의 '한심한 간부'가 있을 것이다. 만약 한 사람도 없다면 혹시 당신이 '한심한 간부'일지도 모른다. 왜냐하면 이런 타입의 특징은 일반적이기보다는 독선적인 시각에서 남을 판단하기 때문이다. 이런 타입의 간부를 보면 다른 면에서도 공통점이 많다는 것을 알 수 있다. '연락치'라는 점도 그 한 가지에 속한다. 대개 업무 처리 능력만을 중요하게 생각하고 '정보 연락'은 간부의 중요한 능력으로 생각하지 않는 것이다. 따라서 어느 날 갑자기 엉뚱한 무언가를 제시해 주위에 폐를 끼치게 된다.

연락이라는 것은 조직 내에서 활동하는 모든 사람에게 가장 중요한 업무라 할 수 있다 업무상 다른 사람에게 전달해야 하는 정보를 접했다면, 그 순간 '이것은 어디의 누구에게 전달해야 한다'라는 판단을 하고, 그 자리에서 필요한 곳에 연락해 전달해야 한다. 이러한 일은 습관화해야 한다.

연락을 받아야 할 곳은 다양할 것이다. 자신의 부하 직원이나 다른 부서의 간부에게, 또는 상사나 공장이나 지점 등 간부와 그 정보의 종류에 다라 연락처가 결정될 것이다. 어쨌든 이 점을 염두에 두지 않고 안일하게 업무에 임하는 간부는 그 실력을 의심받기 십상이다.

정보는 속도가 생명이다

직장에서 정보를 얻었을 때는 필요에 따라 즉각적으로 전달해야 하는 이유는 무엇인가? 우선 긴급한 내용인 경우 신속하게 전달하지 않으면 좋지 않은 상황이 벌어질 수도 있기 때문이다.

예를 들어 공장의 제조 과정에서 어느 제품의 출하가 하루 정도 연기될 가능성이 있다고 하자. 정말로 늦어질지 어떨지는 알 수 없다. 그러나 생산 계획 담당부서에서 특별한 사고에 대한 가능성을 보고받는다면 바로 다른 제품으로 거래를 변경시킬지도 모른다. 영업 담당자도 그 제품을 출하시킬 거래처의 양해를 얻으려고 할지도 모른다. 운송을 담당하는 부서에서도 배차 시간과 창고의 변동을 사전에 알아두어야 할지 모른다.

따라서 이 가능성을 예측했을 때 바로 '제품 출하가 연기될지도 모른다'고 연락해두지 않으면 타부서와 거래처까지 곤란한 상태에 처할 수 있는 것이다. 그렇게 되면 부서 간에 마찰이 생길 것이다. "왜 미리 말해주지 않았나?" 등의 항의도 예상할 수 있다. 때문에 이런 경우를 방지하기 위해서라도 연락의 신속성이 중요하다.

이것을 대단치 않다고 생각했다면 그것은 큰 오류다. 타부서의 형편을 정확하게 파악하지 못했을 때에는 어쨌든 소식을 빨리 전달하는 '틀림없는 방법'을 써야 한다.

정보를 그 자리에서 성실하게 전달해야 하는 두 번째 이유는 인간이란 건망증이 심한 동물이라는 점 때문이다.

'이 정보는 저쪽에 전달하면 되겠다'고 생각했다면 곧 실행으로 옮겨야 한다. 직장인들에게는 계속 다른 일이 발생하기 때문에 '나중에 하자'고 미뤄두면 다른 업무를 처리하다가 잊기 십상이다. 바쁜 업무에 시달리느라 까맣게 잊어버리고 있다가 한참 후에서야 문득 생각이 나면 일을 그르치기 쉬운 것이다.

자신의 신중함에 자신이 있더라도 정보를 얻은 그때마다 필요한 전달을 끝마치는 것이 좋다. 상대가 함께 있다면 말로 해줄 수 있고, 전화를 걸 수 있는 상대라면 전화로 전달한다. 전화를 걸어 상대가 부재중이라면 꼭 메모를 부탁한다. 메모로 전달하기 어려운 사항이라면 몇 시에 돌아올 것인지 확인하고 전화해줄 것을 부탁한다. 이것은 자신이 잊었을 때 자동 경보장치 역할을 한다. 상대에 따라서 메모로 전달하고, 시간이 없는 경우에는 부하 직원에게 지시한다. 정보를 신속하게 전달해야 하는 상대일 경우에는 여러 방법을 동원하여 보다 빨리 전달을 마쳐야 한다.

상대가 없어 곧바로 전달할 수 없는 경우 '다음에 연락하지'하고 생각했다가 잊어버리는 경우가 허다하다. 뒤늦게 '큰일이다' 하고 깨닫게 되는 것은 대체로 이런 경우이다. 그런 때는 반드시 다른 방법으로 전달할 수 있는 특별한 방법을 강구해두어야 한다.

예로 '과장이란 자리는 아무리 좋아도 잡무 담당자다' 라는 자조적인 말을 듣는 경우가 많다. 나도 이 말에는 전적으로 동감한다.

그러나 언뜻 보기에 잡무로 보이는 일이 사실은 중요한 것이다. 그런 잡무는 간부의 업무가 아니라는 생각은 큰 착각이다. 신속하고 정확한 연락 전달로 인해 효율적인 업무 처리가 이루어졌다면 이러한 잡무야말로 '조직의 대동맥'이라 할 수 있을 것이다.

이러한 일을 가볍게 여기는 사람이라면 그는 분명히 게으른 사람이다. 다른 부서로부터 정보를 받았을 때의 고마움을 생각한다면 자신도 성실히 해야 한다고 느낄 것이다. 하지만 번거롭게 느껴지는 순간부터 일종의 자기도취에 빠진다. 중요한 업무 외의 잡무는 내가 할 일이 아니라고 스스로에게 말하는 것이다. 이렇게 게으른 자의 마음 깊숙이 잠재하고 있는 사고방식은 자기 한계를 벗어나지 못한 탓이다. 따라서 게으른 자가 남의 입장에서 생각한다는 것은 기대하기 어렵다.

여러 명이 한 조직을 이루어 일한다는 것은 생각보다 쉽지 않다. 모두들 업무에 대해 별 일 없다는 듯이 평범한 얼굴을 하고 있지만 속으로는 여러 고민을 가지고 있다. 어려운 상황은 자신만 겪는 일이 아니다. 자신의 기준만을 고집하면 타인에 대한 이해심이 없는 사람은 간부 자격이 없다고 해도 좋을 것이다.

자신의 업무와 관련된 일에 동료의 협력을 얻을 수 있으려면 상대의 입장에서 생각하고 사전에 긴밀한 상담과 연락을 해야 한다. '어느 날 갑자기'는 협력을 요하는 순간에서는 있을 수 없는 일이다.

커뮤니케이션의 벽은 정보를 차단한다

기존 거래처와는 긴장 관계를 유지한다. 회사 내부를 견고히 할 뿐만 아니라 외부에 대해서도 빈틈이 없다. 이렇게 서로 엄격하게 대하는 것은 산업계의 발전을 위해 바람직하다고 할 수 있다. 거래처와의 업무를 처리하는 직원의 작은 실수로 경영상 커다란 손해를 입는 일은 흔하다. 그러나 부하 직원이 게으른지, 의욕적이고 주도면밀한지는 간부의 업무 속도와 습관에 달려 있다.

과장과 팀장 등 간부가 보고되는 모든 업무를 그 자리에서 즉시 처리해준다면 부하 직원도 전달과 보고에 충실해진다. 왜냐하면 과장이나 팀장에게서 연락해야 할 지시의 화살이 쉴 새 없이 자신에게 날아온다면 스스로 민첩하게 행동하지 않을 수 없기 때문이다. 조금이라도 늦어지면 그때마다 주의를 받게 되니 귀찮더라도 미리 준비하게 되고 큰 일이 닥쳤을 때 민첩하게 연락하는 습관이 몸에 배게 되는 것이다.

사내 커뮤니케이션이 잘되지 않고 부하 직원이 업무를 제대로 보고하지 않는다고 개탄하는 간부가 있다. 이것은 참으로 우스꽝스런 일이다. 결국 그것은 간부 본인이 게으른 탓인 경우가 많다. 특히 고급 간부가 그러하다. 자신의 안락의자에 앉아서 누군가 보고할 때마다 "아, 그랬던가? 글쎄?"라고 한다면 아무도 그의 부하 직원이 되기를 원치 않을 것이다. 간부는 자기의 방에서 벗어나라. 쓸데없는 권위는 불필요하지 않은가?

커뮤니케이션이 잘되지 않는 회사의 또 다른 공통점은 절차가 복잡하다는 것이다. 특히 복사기의 사용률이 상당히 높기도 하다. 모든 사원이 복사기를 자주 이용하여 서류를 작성하고 대량으로 사내 관계 각 부서에 뿌려댄다. 각 부서의 간부와 경영자 책상에는 매일 각종 복사 서류가 산처럼 쌓여 있다. 그리고 한 부서에서 다른 부서로 업무가 넘어가는 일에 착오가 생기면 "듣지 못했다", "아니다, 분명히 서류를 건네주었다", "서류는 읽지 못했다", "왜 읽지 못했나?" 하는 식이 된다.

뿐만 아니라 대부분 이렇게 보고된 대량의 서류를 모두 꼼꼼히 파악할 수 있는 것도 아니다 중요한 서류인지, 참고 정도의 것인지, 긴급한 것과 그렇지 않은 것이 일률적으로 들어오기 때문에 식별할 수 없는 것이다. 서류 홍수가 된다면 그렇지 않아도 바쁜 간부가 누락되는 것 없이 꼼꼼하게 살펴보는 일은 불가능하다.

가장 좋은 방법은 얼굴을 맞대고 이야기하는 것이다. 그래야 미묘한 뉘앙스와 상황, 중요성이 확실하게 인식되기 때문이다. 이 방법이 어려울 때는 전화를 사용한다. 만나서 이야기하는 것보다 효과는 떨어지지만 말이라도 직접 전달되면 사태 파악이 훨씬 정확해진다.

마지막 전달 방법은 메모다. 어쩔 수 없는 상황에서 쓰는 방법이 서류다.

그런데 대부분의 게으른 간부들은 자리에 앉아 부하 직원에게 이것저것 지시해서 문안을 작성하도록 하고 도장을 찍고, 이것을 여사원에게 복사시켜서 배부하는 것이 올바른 방법이라고 생각한다. 이것은 연락이라는 의미를 완전히 잊고 '전달만 하면 된다'라는 식의 나쁜 습관이다.

회사는 인간과 인간이 서로 마음을 통하여 일하는 곳이다. 이런 식의 문서 전달은 인간보다는 서류 중심의 본말이 전도된 관념이 들어 있다. 나중에 불평을 듣지 않기 위해 사소한 문서 하나하나에 의견 수렴자의 도장을 받으러 돌아다니는 것은 시간과 능력의 낭비이다. 사원이 얼마나 여유가 있는지 몰라도 이것이야말로 사내 간부의 상호 불신의 상징이며, 공룡회사의 폐해라 할 수 있다.

어느 한 회사에 과격한 성격의 A라는 전무가 있었다. A 전무는 작은 기업을 오늘날의 대기업으로 이끌어온 최고 공로자로서 사내의 존경을 한 몸에 받고 있었다. 창업 이래 A 전무에게는 여러 가지 전설이 있었지만 그 가운데에서 '5분간'이라는 것은 특히 잘 알려져 있다. 그것은 A 전무에게 보고하거나 결재를 받고 싶으면 한 사람당 5분 이내에 전부 끝마쳐야 한다는 규칙이다.

A 전무는 적어도 간부라면 아무리 복잡하게 얽힌 용건이라도 상

황과 경위에 대한 자신의 견해를 5분 이내에 완전하게 설명할 수 있어야 한다고 입버릇처럼 말한다. 어물어물하면서 요점을 파악 못하면 당장 "다시 한번 생각하고 정리해서 다시 오도록" 하는 지시가 내려진다.

A 전무는 자신도 이런 점에 모범을 보였다. 부하 직원에게 언제나 짧은 시간에 간결 명쾌하게 설명했고 그의 이런 방침에 대해 의심스러워하는 직원은 거의 없었다. 그는 결재는 상대방의 의견을 듣는 시간을 포함하여 아무리 길어도 15분 이내에 끝낸다는 것, 또한 긍정인지 부정인지 아니면 보류 검토인지를 확실히 하는 것을 좌우명으로 삼고 실행하고 있었다.

이러한 방법 때문에 부하와 간부는 머뭇거릴 수 없다. 머리는 항상 빠르게 회전해야 했다. 행동과 대답은 신속함을 요구하고 이 회사의 사내는 상당히 활기찬 전통을 이어올 수 있었다.

지금 기업의 필요한 요소 중 하나는 스피드다. 신속한 연락과 보고, 척하면 통하는 상호 반응, 사고와 행동의 직결, 이러한 것이 없다면 기업은 생명력을 잃고 위기에 놓인다.

길고 긴 회의를 마치고 난 결과가 신통치도 않은데, 아무 반성도 없이 아무렇지도 않게 되풀이하는 회사는 업계에서 뒤처지는 위치에 설 수밖에 없다. 또한 문제에 봉착했을 때 해결하기도 힘든 회사다.

 뛰어난 정보 전달 능력이 성공을 부른다

직장에선 업무 회전 속도에 스피드가 요구되는 경우는 많다. 그것은 비즈니스로서 냉정한 스피드의 요구가 아니라 감정적인 요소가 들어 있는 경우이다.

상사는 언제나 초조한 상태에 빠지기 쉽다. 부하 직원의 의견에 가만히 귀를 기울이지 못하고 곧 말꼬리를 잡아 "그래서?"라든가 "결론이 뭐야?"라는 식으로 말하는 버릇을 가지고 있다. 언제나 부하 직원에게 주의를 주는 일이 자주 발생하고 갑자기 화를 내거나 불쾌해 한다.

상사가 성급하게 서두르거나 쉽게 감정을 드러내면 커뮤니케이션 단절 현상이 일어난다. 그러면 부하 직원은 간부의 기분을 살피기 시작한다. 보고하기 전에 "부장님 오늘 기분이 어때?"라고 주변 사람에게 물어봐서 기분이 좋지 않다면 꾸중을 들을 만한 보고는 피하게 된다. 똑같은 것이라도 낙관적인 표현을 많이 이용하고 좋지 않은 경우에는 보고조차 하지 않으려고 한다.

이 정도는 아니더라도 성격이 급한 상사에게는 차분하게 보고를 하지 않게 된다. 왜냐하면 보고하는 사람의 마음이 초조해지기 때문이다. 따라서 상황 전달이 무척 힘들다. 나약한 부하 직원은 나서서 보고도 하지 않게 되고 정보도 자주 끊어진다. 그러다 보면 정보 전달이 늦어지고 모두 알고 있는 사실이 상사에게는 미치지 못하게 된다. 그 결과, 업무 상황을 정확히 알고 있지 못한 상사는 미리 대비하지 못하는 경우가 발생한다. 그것이 또다시 기분과 감정의 폭발을 일으켜 악순환이 된다.

만약 보고와 연락이 늦어지고 있다면 이것은 단순히 부하 직원만을 질책해서는 안 된다. 상사는 자신이 보고받을 자세가 충실히 되어 있는지 반성해봐야 한다. 부하 직원과 긴밀한 커뮤니케이션을 유지해야 하는 중요한 이유가 또 한 가지 있다. 적어도 상사는 아무리 바빠도 타인에게는 결코 바쁜 듯이 보여서는 안 된다는 것이다.

아무리 바쁘더라도 성급하게 서둘러서는 안 된다. 말하는 도중에 "정리하자면 무슨 말인가?"라는 식으로 말허리를 끊는다든가 침착하지 못한 태도를 보여서도 안 된다. 언제나 차분한 자세로 여유 만만하게 보일 필요가 있다.

부하 직원과 커뮤니케이션이 잘 안 되거나 정보가 자연스럽게 수집되지 않는 최대 요인은 상사가 바쁘게 보이기 때문이다. 자동적으로 부하 직원은 상사가 바쁜 것 같다고 걱정하게 된다. 그러면 자연히 어쩔 수 없이 시간적으로 급한 것만 보고하게 되고 특히 상황이 나쁜 상태에서 보고해야 할 경우 당사자는 '부장이 바쁜 것 같아 미룰 수밖에 없다'고 자기변명을 한다. 이것이 보고가 늦어지는 원인이 된다.

지식에 관한 커뮤니케이션도 거의 비슷한 과정을 밟는다. 반드시 보고하고 싶다는 기분이 들 때도 상사가 바쁜 것 같으면 보류한다. 그러면 부하 직원은 다음에 기회에 기억해내려 해도 일부러 보고할 만한 것이 아니라고 생각하기 쉽다. 아예 잊어버리는 경우도 있다.

대개 바쁘지도 않으면서 허둥대고 마치 자신이 바쁜 듯이 보이도록 하는 상사도 있다. "바쁘다, 바쁘다" 하는 것이 입버릇인 상사도 있다. 이것도 자신감이 없는 상사에게서 흔히 볼 수 있는 일이다. 자신도 모르게 바쁘다는 구실을 만들어 탈출구를 마련해두는 잠재의식의 행동이다. 이것은 자신이 주변의 적극적인 커뮤니케이션을 단절하려는 것을 의미한다. 이런 상사가 되어서는 안 된다.

정확하고 성실한 전달 능력과 문제의 핵심을 찌르는 뛰어난 인지력, 부하 직원과의 연락망을 확보하는 태도가 상사에게 얼마나 중요한가는 앞서 설명한 바와 같다. 그 외에 또 하나 주의를 요하는 일이 있다.

그것은 의견 전달시 말투와 관련된 내용이다. 예를 들어 인사와 급여, 노사 관계 등에 관한 문제는 말투에 따라 아무것도 아닌 일이 오해를 산다. 별 것 아닌 말 한마디가 급기야는 당분간 아무것도 할 수 없는 사태로까지 번진다.

다른 예로, 회사 전체에 관계있는 것으로 아직 마감 날짜도 되지 않았는데 빨리 결정하라고 부하 직원을 독촉하는 경우가 있다. 이럴 땐 마음 내키는 대로 지시했다가 나중에 변경이 생기면 직원들의 원망을 사거나 신뢰감을 잃기도 한다.

상사는 어떤 상황이든 되도록 상세하게 부하 직원에게 전달해주는 것이 중요하다. 그래야 부하 직원도 자주적인 판단이 가능하고 적극적으로 행동하기가 쉽기 때문이다. 그러나 그 표현과 전달 정도는 이상과 같은 내용에 대해서 사전에 고심하고 '어떻게 받아들일 것인가'를 충분히 검토하고 신중하게 할 필요가 있다. 모든 사람에게는 '희망 충동'이 있다. 이렇게 되면 좋겠다고 생각하고 뉘앙스가 다르더라도 자신이 생각하고 있는 방향으로 추진되고 있는 듯이 해석하기 쉽다.

따라서 일반적으로 상사는 중의적 뉘앙스로 표현하는 것을 조심해야 한다. 안 되면 안 된다고 확실히 해두어야 한다. 처음엔 가능성 있게 말했다가 나중에 안 된다고 하는 것과 처음부터 부정적으로 말해두었다가 보다 나은 결과가 나타나는 것 중에서 어느 쪽이 부하 직원의 사기를 진작시킬 수 있는지를 선택해야 한다.

상사는 말하기 힘든 것이라도 정확히 단언해야 한다. 그리고 정확한 판단을 해야 한다. 결과적으로 '농담이겠거니'라고 받아들여지게 되는 것은 상사에게 치명적일 수 있다.

Chapter **06**

돈이란 무엇인가

돈 버는 능력이 중요하다 ● 이제는 글로벌 비즈니스가 돈이다 ● 빌린 돈을 떼어먹어선 안 된다 ● 고수익을 얻을 수 있는 투자라는 유혹 ● 감사해 하지 않는 사람에게는 돈을 빌려주지 말라 ● 금전 감각이 있는 사람은 신용카드가 유리하다 ● 수입보다 많은 지출은 파산을 초래한다 ● 지불 기일을 준수하는 사람은 신용을 얻는다 ● 재테크의 고정관념을 버려라 ● 돈 버는 5가지 비밀

자신을
경영하라
Self-Management

 돈 버는 능력이 중요하다

유대인의 장사술에서 가장 인기 있는 마케팅 대상은 다름 아닌 '여자와 어린이'라고 한다. 따라서 여자와 어린이의 욕망을 돈으로 바꾸라고 강조하고 있다. 유대인의 상술에 매우 밝은 일본 맥도날드의 토타텐 사장은 "여성의 욕망은 분명히 하나의 시장 타깃"이라고 말했고 일본 와콜의 사장 사카모토는 "여성은 아름다워지고 싶어 하는 본능이 항상 작용하고 있다"고 했다. 이래서 여성의 욕망을 만족시킬 수 있는 미용, 패션, 건강에 관한 이미지 상품들이 인기를 끌며 판매되고 있는 것이다.

우리나라 대다수 사람들의 가장 큰 관심은 돈 버는 능력이다. 특히 지금의 30대들은 경제개발의 풍요를 맨 처음 맛보면서 경제적인 풍요로움을 가장 먼저 누린 세대이다. 그래서인지 30대는 일에서 얻는 성취감으로 타인과 자신을 비교하기도 하지만 그것보다는 경제적으로 얼마나 여유로운 생활을 할 수 있느냐가 삶을 견주는 잣대가 되는 세대이다.

보통 20대 후반부터 돈을 벌기 시작해 30대 후반에 이르면 소득이 어느 정도 안정기에 들어간다. 이후 40대가 되면 자녀 교육, 문화비 등 본격적인 지출이 시작되어 저축이 사실상 어려워진다. 따라서 30대에 경제적인 측면의 전반적인 생활 설계가 구축되어 있어야 한다.

재테크란 재산을 의미하는 재財와 테크놀로지technology를 합성해서 만든 신조어로 기업이 본래의 영업 활동 이외에 수익을 목적으로 외화시장이나 주식 등에 참여하여 각종 수익을 얻으려는 재무활동을 말한다. 그러던 것이 최근에는 개인에게까지 확산되어 경제적인 이익을 위해 누구나 유리한 투자대상을 찾아 수익을 올리고 있다. 그렇다면 개인이 할 수 있는 재테크는 어떤 것들이 있을까? 가장 일반적인 방법으로 은행에 예금하는 방법을 들 수 있다. 다음으로 주식이나 채권 등 유가증권에 투자하는 방법과 부동산에 투자하는 방법 등이 있다.

저축은 빠듯한 가정 경제를 흑자로 이끌어가기 위한 기본적인 방법으로 직장인이나 소규모 자영업자, 일용직 노동자들이 목돈 마련을 위해 가장 일반적으로 활용하는 재테크이다. 금융시장이 개방되고 금리가 자율화되는 추세에서 많은 변화가 발생하고 있으나 초기 투자 재원 마련을 위해 할 수 있는 재산 증식의 가장 기초적인 수단이다. 주식투자는 저축에 비해 높은 수익을 기대할 수 있고 매매가 자유로워 현금화하기 쉽고 세금 부담도 적다는 이점이 있으나 주가 변동에 따라 큰 손실을 감수해야 하는 결점도 있다. 이에 비해 채권은 이자가 확정, 보장되어 있고 투자운용에 따른 시세 차익도 얻을 수 있어 안정성이 높다. 또 필요할 때 언제든지 팔아서 현금화할 수 있다. 부동산투자는 정부의 투기억제정책 등으로 인해 부동산시장이 전반적인 침체를 맞고 있으나 한때 황금알을 낳는 거위와 같은 역할을 했던 것도 사실이다. 앞으로도 단기적으로 부동산가격이 급등하는 일은 없겠지만 부동산투자는 장기적인 수익성과 안정성 면에서 다른 투자 대상보다 뛰어나다고 볼 수 있다. 그러나 현금으로 전환할 수 있는 환금성이 약하기 때문에 여유 자금을 이용해 느긋한 마음으로 투자해야 한다. 이외에도 귀금속이나 골동품, 미술품 등에 투자하여 재산을 증식하는 방법이 있으나 이것은 고도의 전문성이 요구되어 일반인들이 쉽게 이용할 수 있는 투자방식은 아니다.

  재테크를 위한 이와 같은 다양한 투자 대상과 방법 가운데 어느 것을 택할 것인가? 이것은 자신의 자금력과 활용 시기 등이 기본적으로 고려되어야 한다. 일반적으로 투자 대상을 선택함에 있어 판단

기준이 되는 몇 가지 원칙이 있다.

첫째, 가장 중요한 것은 수익성이다. 투자는 재산 증식을 목적으로 하는 행위이다. 어디에 투자하여 얼마의 수익을 올릴 수 있느냐 하는 것은 재테크의 가장 중요한 판단기준이 된다.

둘째, 안정성이다. 자칫 잘못하여 증식은커녕 원금까지 손해를 볼지도 모르는 위험성은 없는지 판단해야 한다.

셋째, 쉽게 현금화할 수 있느냐 하는 환금성이다. 자금이 필요할 때 곧바로 현금화되지 못하면 어쩔 수 없이 남에게 돈을 빌려야 하는 경우가 생긴다.

가장 이상적인 투자는 이 세 가지 요건을 모두 충족시키는 경우이나 그런 투자 대상은 찾기 쉽지 않다. 따라서 각각의 투자 대상을 자세히 분석해 재테크에 활용하기 바란다.

이제는 글로벌 비즈니스가 돈이다

지금 하나의 새로운 용어가 그 사회에서 일반적으로 통용되기 시작하면 그것은 이미 보편적인 현상으로 자리 잡은 것이라고 한다.

최근 방송이나 신문 등에서 '글로벌' 또는 '국제화'라는 말을 자주 사용한다. 우리 사회가 국제화의 길로 활발하게 진출하고 있다는 증거이다. 지금은 정보통신 기술의 고도화로 세계가 하나의 생활패턴을 갖게 되었다. 국가 간의 무역과 교류가 활발해지고 문화의 상호 교류로 말 그대로 세계가 하나가 되는 지구촌 시대이다.
　결국 미래사회의 주역은 이러한 변화에 빠르게 대응하는 기업이나 국가가 될 수밖에 없다. 이런 시대 변화의 흐름을 읽고 능동적으로 대처해 나가는 사람은 그만큼 남보다 앞서가는 것이다.
　환경의 파괴가 심각한 수위에 이르자 그린라운드를 비롯해 환경을 보호하려는 움직임이 활발하게 일어나고 있다. 중요한 것은 특정 국가나 특정 지역에 편중된 것이 아닌 전 세계가 환경을 진지하게 고민하고 대책을 마련할 수 있는 방안이어야 한다.
　국제화라는 것은 이렇게 세계를 무대로 발상하는 것이다. 모든 인류는 함께 살아가는 존재임을 깨닫는 것이 글로벌의 첫걸음이다. 남극의 오존층에 구멍이 나면 남극만 파괴되는 것이 아니라 지구 전체가 영향을 받게 된다. 극심한 기아와 질병으로 고통 받고 있는 소말리아나 르완다의 난민들을 위해 세계가 도움의 손길을 뻗치는 것은 그 고통이 그들만의 것이 아니라는 인식을 함께하기 때문이다. 우리나라도 얼마 전부터 유명한 중견 탤런트가 아프리카 난민들을 위한 사랑의 빵 나누기 운동에 참가하거나 신세대의 대표주자로 불리는 젊은 연예인들이 소말리아를 방문해 고통을 함께 나누는 모습을 담은 CF가 제작되는 등 우리도 지구촌의 일원임을 인식하는 활동들을 늘려가고 있다.

21세기의 주역이 되는 신세대들은 특히 이러한 움직임에 동참해야 한다. 이제 우리의 경쟁상대는 국내의 다른 기업들이 아니라 세계에 손을 뻗치고 있는 선진국의 다국적 기업이라는 사실을 염두에 두어야 한다.

서비스나 기술력 등에서 그들은 우리보다 한발씩 앞서 있는 것이 사실이다. 뿐만 아니라 이제까지 국내 기업들을 위해 지켜오던 외국인 회사의 투자나 진출 규제 조항들은 미국을 비롯한 강대국들의 철폐 요구에 밀려 하나씩 사라져 가고 있으며 이러한 추세는 앞으로 더욱 가속화될 것으로 보인다.

결국 우리 기업들은 어떠한 보호 장비도 없이 경기장에 나간 운동선수처럼 이미 우리보다 훨씬 좋은 상황에 있는 강대국들과 같은 조건으로 경쟁을 벌여야 한다. 이렇듯 불리한 싸움에서 패배하지 않는 길은 세계적인 변화에 앞서 나가면서 우리만의 독특한 장점을 보강하는 방법밖에는 없다. 우리 스스로 기술력 향상을 위해 최선의 노력을 기울여야 돈을 벌 수 있다.

얼마 전까지만 해도 가장 한국적인 것이 가장 세계적이라는 표어가 국제화로 가는 최상의 방법인 것처럼 생각했다. 그러나 한국적인 것만을 고집하는 국수주의보다는 한국적인 것을 세계에 선보일 수 있는 협상력, 세계인의 눈을 주목시킬 수 있을 만한 기술력, 그리고 끝까지 살아남을 수 있는 경쟁력이 중요하다.

일본 기업은 기술력 하나로 세계시장을 석권한 기업들이 많다. 또한 유럽의 각 국가들은 그들 특유의 섬세함과 예술성을 살린 디자인 제품들을 통해 동종의 상품에서 경쟁력을 확보하고 있다. 반면 우리나라는 오랫동안 다른 나라에 비해 싼 가격을 무기로 글로벌 시장에 진출해 왔다. 그러나 우리나라 기업들도 이제 상품 가격을 떨어뜨리는 데에는 한계가 있다는 것을 느끼고 있다.

21세기는 가격보다는 제품 자체의 경쟁력이 중요하다. 세계적인 변화에서 살아남기 위해서는 우리도 하루 빨리 기술력으로 승부할 수 있어야 한다. 앞으로는 기업에서도 국제적인 변화를 따라잡을 수 있는 인재를 선호하게 될 것이다. 시대를 이끄는 사람이 되기 위해서는 스스로 국제 감각을 익히려는 노력이 중요하다.

각 기업은 이미 사원들의 해외연수나 파견근무 등의 기회를 통해 기업 전체에 국제 감각을 높이는 노력을 기울이고 있다. 이러한 회사의 지원에 한발 앞서 스스로 개발해나가는 사람이 있다면 그는 아마도 글로벌 시대를 앞서가는 인재가 될 수 있을 것이다.

현실에 안주하지 말고 미래를 준비하는 신세대 샐러리맨, 국제화의 조류를 앞서가며 새로운 국가 경쟁력을 만들어 나가는 40대 엘리트, 이것이 21세기를 살아남는 당신의 모습이다.

 빌린 돈을 떼어먹어선 안 된다

빌린 돈을 갚지 않고 떼어먹는 것은 인간으로서의 가치와 신용을 버리겠다는 것이라 할 수 있다. 대체적으로 돈을 떼어먹는 사람들은 은행에서 신용을 잃어 친구, 친척, 형제 등을 찾아다니며 돈을 빌리게 된다. 그러나 아무리 형제라 해도 가족을 책임지고 있는 가장으로서 쉽게 돈을 빌려줄 수는 없는 것이다.

또한 돈에 대한 감각이 없는 사람은 빚을 독촉하면 자신도 피해를 입었다는 식의 구구한 변명을 늘어놓거나 뻔뻔스럽게 돈을 더 빌려달라고 하는 경우도 많다. 그렇게 질이 나쁜 사람이라면 친척이라 해도 인연을 끊어버리는 것이 피해도 적고 훨씬 도움이 된다.

흔히 돈을 빌릴 때에는 머리를 숙이고 저자세로 임한다. 그런데 막상 갚는 단계에 이르러서는 완전히 태도를 바꾸게 된다. 경우에 따라서는 빚을 독촉하면 오히려 협박하는 사람도 있다. 돈을 빌려주었다는 이유로 이런 취급을 받는다는 것은 참을 수 없는 일이다.

돈을 빌린 사람이 착실하게 돌려주는 경우는 드물다. 따라서 그 사람과의 인간관계가 끊어진다고 하는 전제하에서 돈을 빌려주어야 한다. 친척이 아니더라도 돈 문제로 친분관계를 잃는 경우는 허다하다. 따라서 돈을 빌리러 온 사람에게는 없다고 거절해도 아무 문제가 되지 않으며, 빌려주고 싶은 경우에는 갚지 않아도 괜찮은 범위 내에서 하도록 한다.

돈을 빌려주었기 때문에 인간관계가 나빠진다면 빌려주지 않는 것이 좋다. 그러나 친척 혹은 신세진 적이 있는 사람이 돈을 빌려달라고 하면 어떻게 해야 하는 것일까? 물론 없다고 거절하는 것이 가장 좋겠으나 어떻게 해서든 빌려주고 싶다면 그냥 주는 것이라고 생각하도록 한다. 그리하면 일단 의리를 지키면서 상대방의 부탁도 들어준 셈이 되므로 냉정하다는 말은 듣지 않을 것이다.

그러나 중요한 것은 그 다음이라고 할 수 있다. 그런 사람은 대부분 전에 빌린 돈도 갚지 않았으면서 또 빌리러 온다. 그럴 경우에는 유감스럽지만 사정이 여의치 않아 빌려줄 수 없다고 말해도 상관없다. 상대방도 틀림없이 조금은 미안하다는 생각을 가지고 있을 것이므로 거절한다 해도 인색하다고 말할 수는 없기 때문이다.

지금처럼 금융기관이 잘 발달된 상황에서 개인에게 돈을 빌리러 오는 사람은 이미 그런 기관으로부터 빌릴 수 없는 상황에 처해 있다고 봐야 한다. 대체적으로 금융기관에서 신용을 잃은 사람이 개인적인 친분관계를 이용해 돈을 빌리는 것이다.

필자의 사례를 들어보면, 학창시절 학생회에서 함께 활동했던 한 친구가 여자와 도박을 즐겨 결국에는 재산을 탕진하게 되었다. 그리하여 아는 사람의 집에서 물건을 훔치다 경찰에 잡혀 감옥살이를 하였는데 20년 만에 나를 찾아온 것이다. 만나 보니 이번에 목돈이 들어올 예정인데 지금은 전기세도 내지 못해 어려움을 겪고 있다고 사정하여 돈을 빌려주었다. 그러자 맛을 들였는지 또 만나고 싶다고 하여 이번에는 단호히 거절했다.

개인적인 금전 거래는 급한 사정이 생겼을 경우에 적은 액수로 하는 것이 바람직하다. 그러나 100만원이 넘는 액수를 빌려줄 경우에는 상대방의 채권을 담보로 하는 대등한 거래가 이루어져야 한다. 따라서 자금 융통이 어렵다는 이유만으로 담보나 보증 등의 반환 조건도 없이 돈을 빌려줄 수는 없는 것이다. 그런 사람에게는 적당히 둘러대어 회피하는 것이 뒤탈이 없는 현명한 방법이다.

서로 협력관계에 있는 사람이라면 빌려주지 않을 수 없는 경우가 많은데, 반드시 그에 대한 보증으로 담보를 잡아두어야 한다. 그렇게 하지 않고 나중에 후회하거나 원망해도 소용없는 것이다.

상대방이 어려움을 겪고 있을 경우에 매정하게 거절할 수 없는 것은 사실이나, 역시 돈을 빌려준다고 하는 것은 그리 간단한 문제가 아니다. 따라서 확실하게 금전대차 계약서를 작성해 두는 것이 좋으며, 연대 보증인이나 담보도 확보해두어야 한다.

상대방이 그에 대해 거부반응을 보인다면 그 금전대차는 지극히 위험도가 높은 것이라 할 수 있다. 왜냐하면, 담보나 보증인이 없어 거부하는 것이 확실하기 때문이다. 모든 방법을 다 써보고 어쩔 수 없는 상황에 이르러 무보증으로 빌려줄 것 같은 사람을 찾던 중에 우연히 당신이 표적이 된 것에 불과하다. 그러므로 인간관계에 있어 그런 속임수에 넘어가지 않도록 유의해야 한다.

아무리 친한 사이라도 상대방에게 예상치 못한 일이 일어나고 있거나 자신들이 모르는 사실이 있을 수 있다. 그러므로 돈을 빌려줄 경우에는 은행이나 거래처에 상대방의 신용을 조회해보는 것이 좋다.

아무리 친한 사이라도 개인에게 돈을 빌리러 오는 것은 내부 사정이 매우 어렵기 때문이다. 또한 매우 급박한 상황에서 빌리러 오는 것이므로 금리에 그다지 제한을 두지 않게 된다. 필자도 부도 위기에 처한 어느 사장에게 돈을 빌려준 적이 있는데 돈을 돌려받기는 하였으나 결국 회사는 부도가 나고 말았다. 돈을 빌려줄 때에는 반드시 신중을 기해야 한다.

# 고수익을 얻을 수 있는 투자라는 유혹

우리는 종종 높은 수익을 올릴 수 있는 투자에 대한 유혹에 빠지는데 신중하게 생각해야만 한다. 돈의 운용만으로 큰 이익을 얻는다는 것은 그렇게 간단한 일이 아니다. 누군가 당신을 표적으로 삼아 접근해 왔다면 당신이 부자이거나 당신이 허점을 보였기 때문이다.

지금 우리는 여러 비즈니스 분야에서 필사적인 노력을 하고있음에도 불구하고 좀처럼 흑자를 보지 못하는 경제 상황에 처해 있다. 한 푼이라도 소중히 여겨야 하는 상황에서 짭짤한 이익을 얻을 수 있는 투자처가 있다고 하는 것은 간단히 말해 사기라고 할 수 있다. 세상은 그렇게 어수룩하지 않다. 이 점을 명심하여 신중하게 투자하도록 한다.

개인적으로 소중한 물건을 남에게 빌려줄 경우 아무리 친하다고 해도 예의를 모르는 사람에게는 빌려주지 말아야 한다. 남의 물건을 빌릴 때에는 아무리 허물없는 사이라 할지라도 물건을 소중히 여기겠다는 마음가짐이 중요하다. 그런데 남의 물건을 가볍게 여기는 사람에게 물건을 빌려주면 돌려주지 않거나 손상을 입히는 경우가 많다. 따라서 안이한 생각으로 물건을 빌리러 오는 상대에게는 물건을 소중하게 다루겠다는 식의 확실한 다짐을 받아 두는 것이 좋다. 친한 사이 일수록 예의를 지켜야 하기 때문이다.

감사해 하지 않는 사람에게는 돈을 빌려주지 말라

거래에 있어서 가장 중요한 것은 서로에 대한 신용이다. 그러므로 상대에게 감사할 줄 모르는 자기 위주의 사람에게는 돈을 빌려주지 않는 것이 좋다. 무엇이든 자신에게 필요한 것을 상대에게 빌릴 때에는 당연히 감사하는 마음을 가져야 한다. 또한 상대방도 지금까지의 친분관계를 생각하여 위험을 무릅쓰고 빌려주는 것이므로 감사하는 마음이 없는 사람에게는 빌려주고 싶지 않게 되는 것이다. 특히 마음에 여유가 없어지고 완전히 다른 사람처럼 변해버린 경우에는 위험성이 높으므로 빌려주지 않는 것이 좋다. 일단 돈을 빌리고 나면 그것은 끝난 일로 치부해 버리고 다음의 자금 조달에 매달리게 되므로, 연대 보증인이 있지 않는 한 반환을 미루게 되는 경우가 많다. 그런 사람에게는 돈을 빌려줄 필요가 없으며 관계를 끊는 것이 바람직하다.

어느 회사가 갑자기 현금을 기본으로 거래한다는 방침을 세워 거래처를 잃게 되는 어려움을 겪었다. 곧 고난을 극복하고 재기하였으나 만일 어음으로 거래를 했다면 그 회사는 이미 도산했을 것이다. 이것은 개인에 있어서도 마찬가지로 금전 감각이 없는 사람일수록 현금이 아닌 카드를 즐겨 사용하게 된다.

필자도 신용카드의 편리성 때문에 만들기는 하였으나 유감스럽게도 아직 카드를 유용하게 써 본 적이 없다. 카드를 사용하는 사람은 카드로 망한다고 생각한다. 따라서 자신이 금전 감각이 없다고 생각하는 사람은 카드를 무분별하게 사용하여 감당할 수 없는 일로 고생하지 말고 자신이 보유한 한도 내에서 현금을 사용하도록 한다.

아무리 자제심이 강한 사람이라도 지갑에 많은 액수의 돈이 들어 있으면 낭비하기가 쉽다. 그러므로 지갑에는 항상 적당한 수준의 현금만을 가지고 다녀야 한다. 연령이나 신분에 따라 다르겠으나 필자도 한때 항상 돈을 가지고 다녀 친구들과 술이라도 한잔하게 되면 나도 모르게 대담해져 돈을 다 써버린 경우도 있다. 그렇게 해서 얻어지는 특별한 이득이 있는 것도 아니었다. 그래서 지금은 필요한 만큼의 현금만을 소지하여 쓸데없는 물건을 구입하는 등의 낭비를 막고 있다.

이것은 젊은 사람들도 마찬가지일 것이다. 특히 미혼인 경우에는 급여를 전부 사용할 수 있으므로 자신도 모르게 대담해져 계획 없이 막 써버리게 된다. 결국 나중에는 카드로 생활하게 되는 처지에 이르기도 하는 것이다. 따라서 돈의 사용 습관이 그다지 계획적이지 못한 사람 역시 지갑 속에 적은 액수의 돈을 넣어 가지고 다니는 것이 좋다. 이런 사소한 일이라도 확실히 실행해 나간다면 돈을 유용하게 사용할 수 있게 될 것이다.

금전 감각이 있는 사람은 신용카드가 유리하다

부자이면서 현금은 아주 조금밖에 가지고 다니지 않는 사람들도 있다. 미국에서는 신용카드를 플라스틱 머니plastic money라 하여 현금을 내면 오히려 신용이 없는 사람으로 간주하기 때문에 카드를 사용한다고 한다. 그러나 진정한 이유는 현금과 카드의 지불조건이 동일하다면 유예기간이 있는 카드로 결제하는 것이 그만큼 돈을 금융기관에 맡길 수 있으므로 이득이 된다. 별로 대단한 금리를 얻는 것이 아니라고 생각하는 사람도 있으나, 금리의 액수보다 사고방식이 중요한 것이다. '10원에 웃는 사람은 10원에 운다'라는 말이 있듯이 1퍼센트의 금리라도 이것을 무시하는 사람들은 돈을 모을 수 없다.

물론 카드로 물건을 구입하면서 과소비를 하는 경우는 예외라 하겠다. 그런 낭비벽이 있는 사람이 카드를 사용하는 것은 아무런 도움이 되지 않는다. 카드 사용법이란 금전 감각이 있는 사람이 더욱 유리하게 돈을 지불하는 경우의 방법을 말하는 것이다. 특히 해외에 나가면 낭비하기가 쉬우므로 그런 경우에는 그 나라의 통화로 환전하여 가지고 있는 것이 좋다.

평소에 카드를 사용하는 사람은 반드시 다른 계좌의 예금을 활용하고 있어야 한다. 현금은 예금으로 돌리고 결제까지 한 달의 여유가 있다는 장점을 살릴 수 있는 카드로 결제하는 것은 바람직한 방법이다.

또한 신용카드회사에서는 카드로 일정액 이상을 구입한 고객에게는 그 나름대로 우대를 해준다. 카드회사는 상점으로부터 구입에 의한 수수료를 받으므로 많이 사용하는 고객에게 이익을 주는 것이다. 이와 같은 장점을 지닌 카드는 적절한 범위 내에서 사용하면 이익을 얻을 수 있다.

신용카드를 사용하면 가맹점은 카드회사에 수수료를 지불해야 한다. 바꾸어 말하면 현금으로 물건을 구입하는 것이 가맹점 입장에선 더 이득이라고 할 수 있다. 특히 할인매장에서는 현금으로 구입하면 더욱 할인율이 높아지는 혜택을 받을 수도 있으므로 그만큼 돈의 가치가 커지게 된다. 또한 현금으로 물건을 구입하는 곳은 우리들이 지불하는 현금이 매입의 대금이 되기 때문에 현금이 더욱 중요한 의미를 지니게 되는 것이다. 그러나 그중에는 현금과 카드의 가치가 동일한 상점도 있다. 그런 곳은 가격에 대해 그다지 민감하지 않으며 저가격에 관한 감도도 희박하므로 이용하지 않는 것이 좋다. 이득을 얻기 위해서는 현금 구입 시 혜택이 있는 상점을 선택해야 한다.

흔히 집을 옮겼을 경우에 가구나 전기제품을 한꺼번에 구입하기 쉽다. 그러나 이런 경우에는 아무래도 예산을 고려하게 되므로 질이 별로 좋지 않은 물건만 구입하게 된다. 따라서 가정에서 사용하는 것은 최대한 오래 사용할 수 있는 좋은 제품을 차분하게 하나씩 장만하도록 한다.

현명한 소비에 익숙한 사람은 다소 시간이 걸리더라도 좋은 물건을 차분하게 구입한다. 무엇이든 사 모으려고 하는 습관은 버리는 것이 바람직하다. 애써 마련한 공간의 주인이 사람이 아니라 물건으로 가득 차 버리는 것 보다 필요한 물건을 단계적으로 갖추면서 방을 넓게 쓰는 것이 생산적이기 때문이다.

수입보다 많은 지출은 파산을 초래한다

수입보다 지출이 많으면 그것을 보충하기 위해 돈

을 빌리게 되고 결국에는 파산한다. 수입보다 지출이 많은 것에 대해 무감각한 생각은 '파산 발상'이라 할 수 있으며, 이것은 결국 자신의 목을 조르는 자살 행위이다.

최근 여러 기업이 감원을 추진하고 있는 이유는 경제 불황의 상황에서 사원을 줄이는 방법으로 인건비를 절약하려는 의도 때문이다. 또한 외국으로 회사와 공장을 이전하려는 것도 개발도상국의 싼 노동력과 저렴한 땅값을 이용하여 경영의 이익을 달성하기 위해서이다.

수입이 불확실한 상황임에도 지출을 늘리는 것은 '파산 경영'이라 할 수 있으며 이런 생활을 하는 사람은 신용을 얻지 못한다.

우리 사회의 모든 비즈니스는 신용에 의해 이루어진다. 따라서 구입 또는 대여한 물건에 대한 비용을 지불할 날짜는 반드시 지켜야 한다. 지불을 계속 연기하거나 이행하지 않는 사람은 신용을 잃은 파산자라고 할 수 있다. 이런 사람은 아무리 그럴듯한 말을 해도 아무도 신용하지 않으며 지금까지 쌓아 온 인간관계도 무너지게 된다.

K 씨는 특별한 수입이 없는 중에 지불이 불투명한 회사와 거래를 한 적이 있었다. 그러나 처음부터 못 받을 각오를 하고 단지 지원하고 싶다는 점에 만족했기 때문에 크게 손해 보지는 않았다. 돈을 받을 수 있는 가능성이 희박한 곳이라고 판단하여 그다지 많은 수고를 들이지 않았기 때문이다. 그에 반하여 지불이 좋은 회사와 거래를

하면 상대방이 어떤 요구를 해도 진지한 자세로 임하게 된다.

보통 자금 조달이 어려워지면 지불해야 할 돈을 다른 곳에 사용하게 된다. 그리하여 지불 기일을 지키지 못하면 평판이 나빠지고 의심의 시선을 받게 된다. 지불 의무를 지키지 않는 것은 이미 신용불량자가 되어 있는 것이므로 재기하거나 잃어버린 신용을 만회하기가 어렵다. 또한 이런 일을 반복하여 인간관계를 잃는 것은 모두 자기 자신의 책임이기 때문에 남으로부터 동정 받을 수 없다.

 **지불 기일을 준수하는 사람은 신용을 얻는다**

세상에는 다양한 타입의 회사들이 있다. 그중에는 작은 회사라도 비용 지불에 대해서는 성실한 회사가 있는 반면 상대방의 사정은 전혀 개의치 않는 회사도 있다. 지불 기일을 지키지 않아 재촉하면 오히려 협박하고 욕하는 사장은 회사를 경영할 자격이 없다고 볼 수 있다.

그와 마찬가지로 개인도 남에게 부탁한 일이 있으면 그에 대한 대가라고 하는 것을 반드시 지불해야 한다. 지불을 미루어 상대방이 그것을 잊어버리기를 바라는 사람도 있으나 빌려준 사람은 아무리 세월이 지나도 기억하고 있게 된다. 따라서 남으로부터 대접받고 싶다면 약속한 기한은 확실하게 지켜야 한다. 조금이라도 회피하려는 마음이 있다면 그 사람의 정신은 거기서부터 부패하고 있는 것이므로 남을 나무랄 자격이 없다.

급한 일일수록 바쁜 사람에게 부탁하라는 명언이 있다. 이것은 돈에 있어서도 마찬가지로 매사를 정확하게 처리하며 결단도 빠른 사람이 지불 역시 잘 지킨다. 그러나 매사에 불확실하여 지불을 미루는 사람은 억지로 인연을 유지하려 하는 것이라 볼 수 있다. 하지만 이런 타입은 인간관계에 부적합하기 때문에 살아가면서 금전 관계 외에도 다양한 위기를 만나게 될 것이다.

누군가 어떤 보답을 했다면 그 나름의 보상을 해야 하는 것은 당연한 이치다. 그러나 막상 지불이나 결제의 단계에 이르러 여러 가지 이유로 연기한다면 자신은 좋을지 몰라도 상대에게는 목숨이 걸린 문제가 될 수도 있는 것이다. 이렇게 상대를 배려하지 않는 사람에게는 반드시 그에 상응하는 대가가 돌아온다. 그러므로 타인에게 무언가를 의뢰한 경우에는 언제 어떤 방법으로 지불할 것인가를 확실히 결정해야 한다.

국제적인 비즈니스에서도 계약을 처음에 제시하고 그에 준하여 일을 추진해 나간다. 이것은 당연한 수순이기 때문에 주먹구구식으로 일을 처리하면 이미 치밀한 계약과 철저한 이행을 중시하며 성장해온 구미의 선진국으로부터 순식간에 외면당한다. 다국적 기업들과 함께 수많은 비즈니스를 추진하고 있는 지금의 상황에서 이제 더 이상 응석은 통하지 않는다.

재테크의 고정관념을 버려라

'고정관념을 깨라.' 이것은 성공 키워드다. 누구에게나 의식 깊숙한 곳에 고정관념이 있게 마련이다. 고정관념은 사물이나 현상을 보는 눈을 왜곡시켜 올바른 판단을 방해한다. 재테크도 마찬가지다. 기존의 틀에 박힌 재테크의 고정관념을 깨고 투자 자산과 부채 등을 새롭게 분석해 보는 시작이 필요하다.

최근 〈월스트리트 저널〉은 '재테크의 지평을 넓히는 요령'을 소개했다. 재테크의 고정관념을 깨는 노하우로 삼을 만하다. 자세한 내용은 다음과 같다.

인생에서 가장 중요한 자산은 바로 '당신'이다. 실제로 당신은 사회 초년생 이후 꾸준히 수익을 발생시키는 채권과도 같다. 은퇴를 10~15년 정도 앞둘 때까지 당신의 소득은 꾸준히 늘어날 가능성이 크다. 이 기간 중엔 과감하게 투자할 수 있다. 투자 자산 중 주식 비중을 늘리는 등 공격적인 투자를 할 수 있는 시기란 얘기다. 이어 은퇴가 다가오면서 개인의 인적 자본의 가치가 점차 감소하는 만큼 수입도 줄어들게 된다. 이 시기엔 점진적으로 주식 투자를 채권으로 전환하는 등 안정적이고 보수적인 프로그램을 짜도록 한다.

대체로 부채라고 하면 당신은 아마도 대출이나 신용카드 빚을 떠올릴 것이다. 부채라는 말의 정의를 확장시켜 보자. 당신 인생에 가장 큰 부채는 다름 아닌 노후 비용이다. 인생은 길다. 평균 연령을 고려할 때 은퇴 후 30년 가량의 여생을 살게 된다. 따라서 노후준비는 선택이 아니라 필수다.

재테크 목표를 시장 평균 이상의 수익을 올린다거나 가장 높은 이윤을 얻는 것에 둔다면 주객이 전도된 것이다. 결국 당신은 불필요한 위험을 감수하고 은퇴 비용을 모두 날릴 수 있다. 편안하게 은퇴할 수 있는 가능성을 높이기 위해선 꾸준한 저축 및 투자 습관이 필요하다. 한 가지 투자 대상에 '올인'하거나 일확천금을 노리는 것은 위험 천만한 행동이다.

재테크 계획을 세울 때는 반드시 가족을 고려해야 한다. 가족은 삶에 안정과 행복을 가져다주는 보물이지만 재정적으로 보면 노후 비용에 이어 당신의 인생에 두 번째로 큰 '잠재 부채'이기 때문이다. 예컨대 나이 드신 부모님에게 장기 요양이 필요할 수 있다. 또 성인이 된 자녀가 갑작스레 금전적 어려움이 빠지는 경우도 생각해

볼 수 있다. 부모님이 경제력을 잃었거나 자녀에게 스스로 재정적 난관을 극복하는 법을 가르치지 않았다면 그 부담은 고스란히 당신에게 돌아올 것이다. 그러나 가족으로 인해 인생의 빚만 늘었다고 생각하면 오산이다. 반대로 당신이 재정적 어려움에 처하게 됐을 때 가족은 가장 든든한 '안전망' 역할을 해줄 것이기 때문이다.

투자할 때는 항상 상대방도 있다는 사실을 고려해야 한다. 만일 당신이 지금 주식이나 부동산을 사려고 한다면 왜 상대방은 지금 팔려고 하는지를 자세히 분석해 봐야 한다는 얘기다. 상대방은 최신 정보로 무장한 투자의 고수이며 지금이 팔 타이밍이라고 판단했을 수 있다. 투자의 대부분은 한 사람이 이익을 얻으면 상대방이 손해를 보는 '제로섬 게임'이다. 항상 상대방이 당신보다 한수 위에서 시장을 바라보고 당신을 이용해 이익을 취하려 할 수 있다는 점을 명심해야 한다.

돈 버는 5가지 비밀

"몸값을 올리는 대책을 강구하라.", "재테크는 분산투자가 최고다.", "휴대전화도 잘만 사용하면 돈 번다."

얼마 전 미국 시사주간지 〈US 뉴스&월드리포트〉 인터넷판에서 '올해 더 나은 삶을 살기 위한 50가지 항목'을 소개했다. '돈 버는 방법'이 일반인들의 최대 관심사로 꼽히자 이러한 방법을 따라 하면 주머니 사정이 훨씬 좋아질 수 있을 것이라고 추천한 방법들이다.

분명히 직장인들에게 최고의 희소식은 역시 봉급 인상이다. 그러나 봉급을 올리는 데에도 효율적이 전략이 필요하다. 자신이 회사에 벌어준 돈을 계산해 몸값 흥정에 나선다. 업무를 잘해 호평을 받았거나 직속 상사의 업무 분담을 덜어주는 등 회사 성장에 기여한 점을 조목조목 제시해야 한다. 또한 회사에서 자신의 가치를 높이기 위해 자신에게 적합한 업무를 부여해 달라는 요구도 해야 할 것이다.

자신의 정당한 몸값을 회사에 알리는 것도 효율적인 방법 가운데 하나이다. 이를 위해 동종 업계 종사자나 헤드헌터에게 자신의 객관적인 몸값을 상담 받은 후 이를 회사에 알리는 것도 좋다. 때에 따라서는 자신이 다른 회사에서 스카우트 제의를 받고 있다는 얘기를 슬쩍 흘리는 것도 중요하다.

사람들 대부분 돈이 되는 투자 대상은 팔아치우고 손실이 나는 것을 붙들어 두려는 성향을 보인다. 이럴 때에는 자기만의 투자 경력과 성향을 잘 유지하고 스스로 설정한 목표 수익을 추구하는 것이 상책이다. 산업별 뮤추얼펀드나 상장지수펀드ETF를 통한 분산투자는 위험을 줄일 수 있다. 간격을 두고 투자 금액의 일정 부분씩을 투자해본다. 투자에 성공하려면 감感보다는 자료를 면밀히 분석한 다음 투자에 나서야 한다.

이제는 휴대전화로 통화는 물론 문자 메시지, 웹 서핑, 음악 감상, 모바일 뱅킹 등 안 되는 게 없는 세상이다. 그러나 부가서비스는 별도의 비용이 따른다. 잠깐의 재미를 위해 큰 비용을 들여야 하는지 생각해보고 이용해야 한다. 휴대전화만 잘 사용해도 통신비용을 크게 줄일 수 있다.

납 성분이 다량 함유된 중국산 장난감이 리콜됐다는 소식에 흥분하지 말고 아이에게 직접 장난감을 만들어 준다. 아이들에게 들어가는 장난감 비용을 줄일 수 있을 뿐만 아니라 가정의 행복도 가져다 준다. 내가 만들어준 장난감을 사용한 자녀가 커서 자신의 아이에게 다시 '할아버지가 만든 장난감'을 물려주는 것은 각별한 행복을 가져다 줄 것이기 때문이다.

국제 유가가 언제 '100달러'를 넘길지 모른다. 미국에서 지열을 사용하는 가구가 전체 가구의 1퍼센트에도 못 미치지만 안정적인 에너지 공급원으로 인정받은 지열 에너지에 대해 관심을 가져야 한다는 목소리가 높아졌다. 문제는 지열 설비가 일반 가스시설이나 전기난방에 비해 최소한 두 배 이상 가격이 비싸다는 점이다. 초기 비용 절감 문제가 향후 해결해야 할 과제인 셈이다. 뙤약볕에 달궈진

아스팔트도 에너지원으로 활용할 수 있다. 실제로 네덜란드 토목업체 옴스 아벤혼은 포장도로와 주차장 등에서 거저 얻어지는 태양열을 저장했다가 난방용으로 사용하는 방법을 개발했다고 한다.

Chapter **07**

가정이란 무엇인가

인생의 절반은 남편이자 아내이다 ● 함께 가꿔가는 결혼 생활 ● 자녀의 탄생, 새로운 인생 체험 ● 어떻게 좋은 아빠가 될 것인가 ● 다음 세대를 창조하는 자녀 교육 ● 가정의 행복이 건강한 사회를 만든다 ● 어떻게 행복한 가정을 만드는가 ● 가정 경영을 어떻게 할 것인가 ● 가정의 행복은 부부가 창조하는 것 ● 건강한 가정, 풍요로운 중년 ● 남자 40대는 성공을 거두는 나이

자신을
경영하라
Self-Management

 인생의 절반은 남편이자 아내이다

　　　　　누구든 20대 후반에서 30대 초중반이 되면 부모로부터 완전히 독립된 하나의 가정을 꾸미게 된다. 얼마 전까지만 해도 여자는 스물다섯, 남자는 서른이 되면 결혼 적령기를 넘었다고 여겨 노처녀, 노총각이라는 꼬리표를 달게 되었다.

　하지만 요즘은 사회의 의식 변화와 신세대들의 강한 자의식 등의 영향으로 결혼 연령이 늦어지고 있으며 특별히 적령기라는 개념 없이 스스로 원하는 때가 적절한 시기라는 인식이 보편화되어 가고 있다. 또한 악화된 경제 상황 역시 결혼에 중요한 영향을 미치고 있다.

　결혼이 점점 늦어지는 것은 요즘 젊은 세대들의 합리적인 선택이라고 볼 수 있다. 과거에는 결혼 적령기라는 인식의 틀 때문에 서로의 감정이 충분히 성숙되기도 전에 쫓기듯 결혼하는 사례가 많았다. 상대가 누구인지도 잘 모르는 상태에서 결혼하기도 했다. "연애할 때는 안 그런 줄 알았는데 결혼하고 보니 영 딴 판이더라"는 얘기는 결국 서로를 충분히 알지 못하는 상태에서 결혼했다는 증거이다.

배우자를 선택하는 것은 조급해 하거나 대충대충 결정할 일이 아니다. 배우자는 앞으로 평생을 자신과 함께할 동반자이며 나와 가장 가까운 곳에 있을 사람이다. 매일 아침 눈을 떴을 때 가장 먼저 보게 되는 얼굴이 나의 마음속에 어떠한 위안이나 기쁨도 줄 수 없는 상대라면 그것은 얼마나 비극적인 일이겠는가.

예로부터 가정은 사회생활의 기본이 되는 곳이며 가정이 편안해야 만사가 잘 된다고 했다. 배우자 선택은 그만큼 중요한 것이다. 흔히 결혼이 가지는 최상의 가치를 사랑이라고 한다. 물론 사랑이 결혼의 첫 번째 요소인 것은 사실이다. 그러나 그것이 서로를 배려해 주고 함께 성장할 수 있는, 현실에 굳건히 뿌리를 내린 사랑이 아니라면 문제가 된다.

현실을 직시하는 것이 아니라 끊임없이 환상과 이상을 쫓고 상대방에게 필요 이상의 기대를 거는 등 미숙하고 감정적인 사랑은 그 순간에는 아무리 열정적인 관계라 해도 오래 지속되기 힘들다. 결혼은 낭만이 아니라 함께 헤쳐가야 할 험난한 현실이기 때문이다.

이런 이유로 최근에는 현실의 조건과 관계없이 사랑만으로 성사

되는 결혼이 조건만을 따져 결혼하는 것보다 더 위험할 수도 있다는 의견이 조심스럽게 제기되고 있다. 이러한 주장을 펴는 사람들은 그 이유로 작은 기대와 빠른 포기 그리고 합리적인 조건을 든다. 조건만을 따져 결혼하는 경우에는 애초부터 조건의 일치가 목적이었기 때문에 인간적인 면모에 대해 지나친 기대를 하지 않으며 설혹 마음에 들지 않는 부분이 있더라도 쉽게 포기하고 수긍하게 된다는 것이다. 애초 목적이었던 조건이 갖추어진 것에 대한 만족감이 그런 생각을 더 쉽게 만들기도 한다. 또한 서로에게 좋은 점을 발견했을 때에는 생각지 못한 부분이기 때문에 더 크게 확대되어 보이는 경우도 있다.

반면에 사랑만으로 결혼한 사람들은 결혼 후의 냉정한 현실에 부딪치면서 서로에 대한 환상이 깨어지는 것으로 인한 실망감 그리고 대체로 주위의 반대를 무릅쓰고 결혼하게 된 경우이기 때문에 그 사람들에게 무언가 다른 모습을 보여주어야 한다는 심리적인 강박감까지 가세해 갈수록 지쳐가는 일이 많다는 것이다. 흔히 어른들이 결혼 상대는 서로 조건이나 환경이 크게 차이나지 않고 비슷한 게 좋다고 강조하는 것도 이러한 맥락에서이다.

그러나 반드시 이러한 무난한 상대만이 바람직한 것은 아니다. 스스로 책임질 준비가 되어 있고 서로 깊은 신뢰가 있으며 어떤 어려움도 헤쳐 나갈 용기를 가지고 있다면 자신의 판단을 끝까지 밀고나

가는 것도 좋은 일이다.

　30대 중후반에 결혼하는 사람들은 대체로 일에 지나치게 몰두해 있다 보니 이른바 적령기를 놓친 경우이거나 독신을 고집하다가 마음이 바뀐 경우 또는 진정 자신의 짝이라고 생각되는 사람을 오랫동안 기다려 온 경우가 많다. 이렇게 평균보다 늦게 결혼하는 사람들은 오랫동안 혼자 살면서 몸에 밴 습관이나 생활방식이 의외로 결혼생활에 장애가 되기도 한다. 구속이나 간섭이 없어 자유롭게 살면서 상대방에 대한 배려나 절충을 경험하지 못한 채 살아왔기 때문이다. 예를 들어 식사시간이나 잠자는 시간이 불규칙하다거나 귀가가 늦어도 전화하지 않는다거나 하는 것은 특별히 그 사람이 무심하고 규율이 없는 사람이어서라기보다는 습관에서 비롯된 것이다. 이런 식의 문제들은 성급하게 하루아침에 바꾸려 들 것이 아니라 시간을 두고 천천히 고쳐나가야 한다.

　불교에서는 부부의 연은 전생에서 3,000번을 만나야 이루어지는 것이라고 말한다. 그러나 그런 인연이 만났음에도 불구하고 이혼율은 크게 높아지고 있다. 우리나라도 예외는 아니다. 최근의 통계청 조사를 보면 우리나라에서도 결혼한 부부 여덟 쌍 중 한 쌍은 이혼한다는 결과를 접할 수 있다. 평균 이혼 연령도 약 35세 정도로 결혼한 지 5년 이내에 이혼하는 경우가 40퍼센트 가까이 되는 것으로 나타났다.

물론 이혼이 꼭 부정적인 것만은 아니다. 요즘 젊은 세대들은 맞지 않는 사람들끼리 억지로 참고 살기보다는 '아무래도 아니다' 싶을 때 깨끗이 헤어지는 쪽이 훨씬 합리적이라고 생각하고 있다. 여기에서 중요한 것은 이혼하지 않는 것이 아니라 제대로 결혼하는 것이다.

 함께 가꿔가는 결혼 생활

결혼은 남자나 여자 모두에게 인생의 새로운 경험이다. 이제까지 살아온 것과는 전혀 다른 환경에서 자신과는 30여 년을 다르게 살아온 사람과 함께 삶을 개척해 나가는 것은 서로에게 큰 부담이며 스트레스가 된다. 결혼이란 애정과 신뢰를 바탕으로 이루어지는 관계이기 때문에 많은 사람들이 이것을 스트레스라고 생각하지 않겠지만, 정신의학적으로 결혼은 평범한 사람들이 최초로 부딪치는 강렬한 스트레스라고 말한다. 이것을 최소화하는 방법은 물론 두 사람이 최대한 만족할 수 있는 방향으로 의견을 맞춰 나가는 것이 중요하며 그러기 위해서는 서로간의 꾸준한 노력이 중요하다.

전통적으로 가부장적이고 남아선호가 강한 한국 사회에서 살아온 남자들은 그러한 남성 우위의 관념에서 벗어나는 것에 대해 모두사 그다지 달갑지 않게 여기거나 생각은 있어도 쉽게 행동으로 연결되지 않는 경우가 많다. 여성들의 사회 진출이 활발해지고 과거에 비해 여성 파워가 강해지면서 일반적으로 여성들의 의식이 과거보다 크게 진보하고 있는 반면 남성들은 여전히 봉건적인 사고에 젖어 있는 사람들이 많다. 이것은 가치관의 문제이므로 스스로 과거의 관습에서 벗어나려는 노력을 기울여야 한다.

　과거 우리의 부모님들 즉, 기성세대에게는 부부가 함께한다는 개념은 거의 없었다. 남편은 밖에 나가 돈을 벌고 아내는 집에서 살림을 한다는 공식에서 한 치도 벗어나지 않는 것이 불과 몇 십 년 전까지만 해도 당연한 모습이었다.

　그러나 요즘 젊은 부부들의 생활은 과거와는 많이 달라졌다. 맞벌이 부부가 늘어감에 따라 가사는 더 이상 여자들만이 떠맡아야 할 일이 아니다. 부부가 함께 퇴근해 청소나 저녁 준비를 함께하는 모습은 이제 당연한 것으로 받아들여지고 있다.

　가사만이 아니라 항상 여성의 고유한 일로 받아들여지던 육아도 바뀌고 있다. 엄부자모嚴父慈母라는 말처럼 아버지는 그저 엄한 표정으로 자녀의 잘못을 꾸짖기만 하면 되고 자녀를 낳고 기르는 모든 것이 어머니들의 역할이었으나 최근 젊은 아빠들은 육아에도 적극적으로 참여하는 추세다. 자녀는 부부 사랑의 결실이므로 서로가 최상의 노력을 기울여야 한다는 인식이 높아지고 있는 것이다.

육아를 함께하는 것만이 아니라 요즘은 아예 부부의 만족스럽고 충실한 삶을 위해 아이는 낳지 않겠다는 부부들도 증가하고 있다. 딩크DINK, Double Income No Kid족이라고 표현되는 이들은 아이가 없는 젊은 맞벌이 부부를 지칭하는 것으로 결혼이 선택이듯 자녀를 낳는 것 또한 선택의 문제라고 생각한다. 대신에 맞벌이를 통한 풍족한 경제력으로 좀더 젊고 윤택한 삶을 함께하는 것이다.

언뜻 합리적인 것처럼 느껴지기도 하는 이러한 생각은 종족의 번식과 보존이라는 기초적인 의무를 망각한 것이라는 문제점도 지니고 있지만 편리한 생활을 추구하는 젊은 세대 부부들에게는 매우 호감이 가는 것이기도 하다.

딩크족과 함께 증가하고 있는 것이 이른바 둥지족이다. 말 그대로 가정을 해가 지면 돌아가야 할 둥지라고 생각하는 이 사람들은 가정을 어떤 가치보다 소중히 여긴다. 퇴근 시간이 되면 상사 눈치 볼 것 없이 곧 바로 퇴근해 가정으로 돌아가는 사람들이다. 이러한 둥지족들은 최근 들어 상당히 증가하고 있는데, 평일 저녁은 몰라도 최소한 주말만은 빼앗길 수 없다는 것이 이들의 생각이다. 최근에 결혼식을 평일에 올리는 사례가 늘어나는 것은 주말을 빼앗는 것도, 빼앗기는 것도 달가워하지 않는 신세대들의 취향에 따른 것이다.

이렇게 부부가 함께하는 시간이 늘어나면서 함께 즐길 수 있는 일을 찾는 부부들도 많다. 퇴근 후에 만나서 스포츠나 수영 등 운동을 하는가 하면 주말마다 가까운 교외로 나가 가벼운 등산을 즐기는 부부를 쉽게 찾아볼 수 있다. 연애시절에는 즐거운 일을 함께하다가도 결혼과 동시에 아내는 집사람, 남편은 바깥양반이 되어버리던 과거에 비하면 바람직한 현상이다.

모든 부부들이 이렇게 지내는 것은 아니다. 여전히 많은 남자들이 아내는 순종적이고 집안일만 제대로 하면 된다고 생각하고 있다. 그뿐 아니라 아내와 함께 집안일을 하는 것에 대해 남자답지 못하다고 생각하거나 '신혼이니까 해준다'는 등 큰 은혜라도 베푸는 것처럼 생각하는 남자들이 아직도 상당히 많은 것이 현실이다.

동등한 인격체로 서로를 존중하고 서로에게 도움이 되기 위해 노력하는 것은 여성들만을 편하게 하기 위함이 아니라 남자들에게도 과거의 낡고 편협한 틀에서 벗어나 시야를 넓힐 수 있게 해주는 것이며 궁극적으로는 서로의 관계를 더욱 돈돈하게 만든다.

당신이 정말 멋있는 남자라면 잠시 아내를 바라보라. 혹시 지금 당신 아내는 모든 재능과 능력을 방치한 채 사회로부터 원치 않는 격리를 당하고 있지는 않은가? 만일 그렇다면 지금이라도 잠들어 있는 아내의 재능을 발휘하도록 한다. 아내가 당신과 같은 속도로 걸어가고 있을 때 당신도 진정한 행복을 느낄 수 있을 것이다.

자녀의 탄생, 새로운 인생 체험

누구를 막론하고 자신이 싱글족이 아닌 이상 결혼한 남녀는 아이를 갖게 된다. 아이가 생기는 것은 결혼보다도 훨씬 강도가 높은 책임감이 필요하다. 2세가 있다는 것은 처음부터 끝까지 온전히 내가 책임져야 할 사람이 생긴다는 의미이며 내가 어느 곳에서 어떤 일을 하든지 스스로 떳떳하고 부끄럽지 않아야 할 근거가 생기는 일이다. 어른들이 흔히 하는 말 중에 "결혼해서 아이를 낳아봐야 진짜 어른이 된다"는 말이 있는 것은 아이를 낳아 기르는 것이 그만큼 어렵고 힘든 과정이라는 뜻이다.

얼마 전까지만 해도 부모님의 그늘 아래에서 그분들의 도움으로 원하는 일을 하며 지내왔는데 결혼과 동시에 이제 자신은 스스로를 책임져야 하는 존재가 되었다. 아내와 불화가 있거나 직장생활이 마음에 안 들어도 어떻게든 내 힘으로 극복해야 한다. 그리고 그러한 생활에 채 적응이 되기도 전에 아이까지 생겼다. 이제 자신은 한 아이의 아버지이다. 말 그대로 한 가정의 가장이 된 것이다.

물론 결혼하고 아이가 생기는 것에 대해 대부분의 젊은 남자들은 이런 식의 책임감보다는 기쁨과 흥분으로 받아들인다. 그러나 그 이면에는 이와 같은 두려움과 불안이 숨어 있는 것은 쉽게 부인할 수 없는 일이다.

그러나 아이는 가족 간의 결속력을 과거와는 비교할 수 없을 만큼 강화시켜 준다. 뿐만 아니라 하루하루 다르게 성장해가는 아기의 모습은 생명과 우주에 대한 신비감마저 느끼게 만든다.

처음에 아이가 생기면 당황하는 것은 엄마나 아빠나 마찬가지이다. 두 사람은 모두 이제까지 한 번도 경험해보지 못한 새로운 상황에 부딪친 것이다. 연습의 기회도 주어지지 않았으며 시행착오 역시 허용되지 않는 실제 상황에 접어들게 된 것이다.

최근의 젊은 부부들에게는 아이를 키우는 것이 여자만의 일이라는 생각이 없다. 아이는 두 사람의 숭고한 사랑의 결실이므로 부부가 함께 키우는 것이 당연하다고 생각한다. 이제 남자들도 출산의 고통을 직접 경험하지 않는다는 것 이외에는 여자들과 같이 자녀 양육에 전문가가 되어야 한다.

영화 〈세 남자와 아기바구니〉를 보면 처음에는 아이를 안을 줄도 모르던 남자들이 시간이 흐르면서 능숙한 부모가 되고 그동안 아이와 떨어져 있었던 아이 엄마가 오히려 쩔쩔매는 것을 볼 수 있다. 따지고 보면 모든 것이 습관이고 노력의 문제이지 처음부터 안 되는 일이란 없는 것이다. 그런데도 남자들이 아이 보기를 두려워하는 이유는 사회적인 통념의 영향이 크다고 할 수 있다.

물론 모성본능은 여성들만의 고유한 요소이며 자신의 몸 안에서 열 달 동안 아이를 키우는 것도 여성들의 몫이기 때문에 아빠보다 엄마가 아이와의 정서적 교감이 더 가까운 것은 사실이다. 그러나 그동안 한국 남자들은 아이를 낳고 키우는 건 여자의 역할이라는 핑계로 남자도 약간의 노력과 정성만 있으면 할 수 있는 일도 미루어 오지 않았는지 생각해 보아야 한다.

산모가 아이를 낳을 때 남편도 함께 분만실에 들어가도록 하는 것은 출산의 고통과 생명 탄생의 소중함을 일깨워 줌으로써 남자들도 출산하는 시작부터 참여할 수 있게 배려하는 것이라고 할 수 있다.

우리나라는 전통적으로 특히 남자가 감정 표현이 많은 것을 탐탁지 않게 여겨왔다. 평정심이라고 해서 항상 표정의 변화가 없이 무겁고 진중한 것이 남자답고 올바른 것으로 생각해 왔다. 그러나 이제 이러한 생각에서 벗어나야 한다. 감정을 솔직하게 표현하는 것은 자신감의 표출인 것이다. 아이를 키우는 데 있어서도 마찬가지이다. 근엄한 아버지가 되려고 할 것이 아니라 아이의 재롱이 사랑스러우면 안아 주고 뽀뽀를 해주기도 하고 아이가 울면 안고 어르기도 하는 자상한 아빠가 되어야 한다. 그렇게 잦은 스킨십을 통해 아이와 함께 호흡하고 감정의 교류를 늘리는 것이 중요하다. 아기였을 때부터 부모의 애정 속에서 자란 아이들이 정서적으로도 안정되고 두뇌 발달도 빠르다고 한다.

요즘 들어 40~50대의 가장들 사이에는 권위가 실추되고 있다는 애기가 많다. 이것은 아버지의 충분한 사랑을 느끼지 못하고 자란 자녀들이 아버지와는 큰 거리감을 가진 채로 성장해 어른이 되는 것과 무관하지 않다. 쉽게 말해 집안에 가장의 '편'이 없다는 뜻이다. 중년 가장들의 이런 모습까지는 아이 양육에 있어서의 시행착오였다고 생각하자. 지금 30대인 여러분의 자녀들이 성장했을 때는 지금과 달라야 한다.

아이 둘을 키우고 나면 반 의사가 된다는 말이 있다. 그만큼 아이들은 잔병치레도 많고 아무것도 아닌 것으로도 자주 아파서 서툰 부모들을 놀라게 한다. 아픈 아이를 밤새 안고 달래며 초조해하는 어머니와 그러는 동안에도 편하게 잠을 자는 아버지, 거기에 한술 더 떠서 시끄러워 잠을 잘 수 없다고 윽박지르던 아버지의 모습을 이제는 모두 버려야 한다.

요즘은 유아용품 광고에 엄마보다도 아빠의 모습이 더 많이 등장하는 것을 볼 수 있다. 작은 일부터 실천해 나가는 젊은 아빠의 용기에 모든 사람들이 박수를 보내고 있다.

어떻게 좋은 아빠가 될 것인가

"아빠 오늘 일찍 들어갈게. 뭐 먹고 싶은 거 없니?"
"피자 사다주세요, 아빠."
"그래 피자 사가지고 일찍 갈 테니까 집에서 보자."
그리고 어떻게 되었을까?

퇴근 시간이 되어 일어서는 순간, 이 과장이 잡고 김 대리가 유혹하고 "딱 한잔만 하고 가자는데…" 한잔이 두 잔이 되고, 한 시간, 두 시간이 지나고….

아들은 졸린 눈을 비비며 아빠를 기다린다. 아빠 손에 들려 올 피자를 기대하면서, 아들이 꾸벅꾸벅 졸기 시작할 때쯤 술에 취해 정신이 없는 아빠가 들어온다. 손에는 피자 대신 구겨진 양복을 든 모습으로 말이다.

"아빠는 순 거짓말쟁이야!"

소리치며 제 방으로 들어가는 어린 아들에게 아빠는 할 말이 없다.

이것은 어느 가정에서나 흔히 볼 수 있는 모습이다. 실제로 우리나라의 초등학생들은 아빠가 늘 술을 마시고 늦게 귀가하는 것에 대해 강한 불만을 갖고 있다고 한다. 이런 아버지는 권위가 떨어지는 것이 당연한 일이다.

교육적으로 볼 때 초등학교 입학을 전후로 한 나이의 자녀들에게는 도덕적인 판단이 매우 강하게 작용한다. 따라서 거짓말은 나쁘다고 배워온 자녀들에게 약속을 지키지 않는 아빠는 무조건적으로 나쁜 사람이 된다. 그 시기에 아빠는 거짓말쟁이고 나쁜 사람이라는 생각을 갖게 된 아이는 그 생각을 나이가 든 후에도 무의식 속에 간직하고 있어서 아버지를 완전히 신뢰하기 힘들게 된다.

자녀 교육에 있어서 아버지가 차지하는 비중이 매우 큰 것에 비하면 우리의 아버지들은 자녀에게 너무 무관심하다. 최근에는 이러한 무관심에서 벗어나 아버지들 스스로 자녀들과 가까워지기 위한 노력을 기울이는 모습을 많이 찾아볼 수 있다. '좋은 아버지가 되려는 남자들의 모임'이나 가족신문을 함께 만드는 아버지들은 그동안 사회에 빼앗겼던 아버지들을 다시 가정으로 향하게 만드는 자율적인 움직임이다.

어린 시절 자녀들에게는 아버지야말로 든든한 존재이며 기둥으로 생각해왔다. 남자아이들은 아버지처럼 영웅이 되고 싶어 하고 아직 엘렉트라 콤플렉스에서 벗어나지 못한 여자아이들은 아빠와 같은 남자를 꿈꾼다. 그런데 이들의 이러한 기대와 꿈을 바로 아버지들 스스로 깨뜨려온 일이 너무 많았다.

어린 아이들에게 아버지는 최대한 모범적인 모습을 보여줄 필요가 있다. 아이들은 아빠가 항상 자신을 지켜보고 있으며 자신에게 관심을 가져준다는 것을 느낄 때 스스로 만족하고 정서적인 안정을 얻는다.

조기교육의 중요성이 강조되면서 학교도 들어가기 전에 여러 학원을 전전하는 아이들에게 아버지만큼은 넉넉한 쉼터가 되어주도록 하자. 가끔씩 아이들 손을 잡고 야외로 나가 흙을 만질 기회도 주고, 서툰 솜씨나마 장난감을 함께 만들기도 하고, 하다못해 공부하는 아이의 어깨를 토닥여 주기라도 해보자. 자녀에게 관심을 가진다는 것을 매우 어렵고 부담스럽게 생각하는 남자들이 많은데 실제로는 많은 시간이나 노력이 필요한 일이 아니다.

자녀들이 학교에 입학하면 자연히 부모는 학부모라는 새로운 호칭을 얻게 된다. 그런데 우리의 아버지들은 명목상으로만 학부모일 뿐 실제로는 전혀 학부모 역할을 하지 않는 경우가 많다. 자녀가 몇 반인지, 담임선생님의 이름이 무엇인지도 모르는 아버지들이 의외로 많다. 자녀들과 친한 친구들이 누구인지도 잘 모르고 심한 경우에는 몇 학년인지도 정확하게 기억하지 못한다. 이런 아버지들은 아무래도 학부모로는 자격 미달이다.

자녀와 함께하는 시간은 양보다 질이 중요하다고 본다. 저녁시간 같이 텔레비전을 보며 웃어도 자녀와의 거리는 좁혀지지 않는다. 그러나 자녀의 관심사나 요즘 생활에 대한 대화를 단 20분만 나누어도 한층 가까워진 느낌을 받을 수 있을 것이다.

좋은 아버지가 되는 것이 어려운 이유 중 하나는 좋은 아버지가 되기 위해서는 자녀들에게 모범이 될 만한 생활을 해야 한다는 생각 때문일 것이다. 그러나 아버지가 완벽하게 될 때까지 기다리기에는 자녀들이 너무 빨리 성장한다. 중요한 것은 서로 솔직하게 대하는 것이다.

요즘 아이들은 과거보다 현실적이어서 부모가 완벽한 사람이 아니라는 것을 쉽게 받아들인다. 그 아이들에게는 자신들이 소중한 존재이고 아버지가 늘 가까운 곳에 있다는 느낌이 중요하다. 하다못해 컴퓨터 앞에 앉아 함께 게임이라도 함께해보자.

아무리 가족들 간에 자율성이 강조된다 해도 적당한 권위는 필요하다. 가장이라는 이름에 어울리는 적당한 권위는 가족들을 더욱 결속력 있게 만들 것이다. 과거의 가부장적이고 근엄하기 만한 아버지와는 다른 다정하고 친숙하면서도 권위가 있는 아버지가 되기 위해 자녀들에게 신뢰를 심어주자.

 다음 세대를 창조하는 자녀 교육

결혼을 하고 자녀를 낳아 기른다는 것은 인류의 생

존을 위해 필수적이다. 2세를 양육하는 것은 이제까지 이어져온 문화나 관습, 학문, 사상 등의 모든 유산을 계승해줌으로써 인간의 역사를 이어가도록 하는 의미이다. 그렇기 때문에 어느 시대에서든 교육은 언제나 중요한 문제이다.

갓 태어난 아기의 두뇌는 마치 스펀지와 같아 보고 느끼는 모든 것을 흡수하게 된다. 교육이라는 것은 제도적인 장치를 통한 것만이 아니라 부모들을 통해 직접적으로 습득되는 것도 큰 비중을 차지한다. 2세를 키우는 것에 부모들이 느끼는 어려움 중 하나가 바로 이렇게 부모가 보여주는 모든 행동이 자녀에게 그대로 이어진다는 책임감이다.

이른바 영재교육의 중요성이 강조되면서 아직 우리말도 채 익히지 못한 어린 자녀들의 손을 이끌고 온갖 학원을 전전하는 젊은 엄마들의 모습을 심심찮게 볼 수 있다. 초등학교에 다니는 아이들도 두세 개씩의 학원을 다니는 것이 보통이다. 피아노, 미술 등의 예능 학원에서도 영어나 수학과 같이 학교 공부와 연관되는 수업을 하는 것은 이미 공공연한 사실이다. 뿐만 아니라 초등학교에서 내 아이를 잘 보이게 하기 위한 엄마들의 치맛바람은 이미 오래전부터 문제가 되어 왔다.

이렇게 극성일 정도로 교육열이 과열되었지만 아버지들의 역할을 생각해 보면 심각한 문제를 느끼게 된다. 자녀들의 교육에서 아버지가 차지하는 것은 교육비를 제공하는 것이 유일한 역할인 경우가 대부분이기 때문이다. 학원을 결정하고 학교를 찾아가고 자녀의 학습 상황을 살펴보는 일은 모두 아내의 몫으로 주어져 있다. 이것은 남편은 밖에 나가 돈을 벌고 소소한 집안일이나 아이들 키우는 문제는 아내가 해야 한다는 전통적인 사고방식이 아직까지 사라지지 않는 결과이기는 하지만 그런 일을 부담스러워 하거나 귀찮게 생각하는 남편들 자신의 문제이기도 하다. 자녀가 초등학교를 입학해서 졸업할 때까지 6년 동안 학교에 단 한번이라도 찾아가거나 아이의 담임선생님을 만나 인사를 하는 아버지는 얼마나 될까? 아마도 대부분의 아버지들은 그런 일을 한 번도 해보지 않고 학부모를 졸업할 것이다.

휴일이면 아이들과 함께 야외로 바람을 쐬러 나가고 평일에도 일찍 퇴근해 아이와 놀아주는 자상한 아버지들의 경우에도 교육에 대해 무관심하기는 대체로 마찬가지이다.

학교는 자녀가 처음 사회생활을 경험하는 곳이며 가정 이외에 가장 오랜 시간을 보내는 곳이다. 그리고 학교에 가면 집안에서와는 전혀 다른 모습을 보이는 아이들도 의외로 많다. 그렇기 때문에 자녀의 학교생활에 대해 관심을 갖는 것은 자녀를 이해하는 중요한 열쇠가 된다.

요즘 아이들이 아빠보다 엄마를 무서워하는 이유도 아빠와의 친밀감 때문이 아니라 자녀에 대한 일상에서의 무심함을 미안해하는 아빠들의 과잉친절 때문이라는 것이 더 적절한 표현일 것이다.

아이의 교육은 엄마에게만 맡겨두고 그저 열심히 돈만 벌어오는 아빠. 그러나 아이들은 그런 아빠를 얼마나 좋아할까? 자녀들이 원하는 것은 아빠와의 친밀한 정서적 교감이며 작은 관심이다. '좋은 아버지가 되려는 남자들의 모임'에서 만든 좋은 아버지 20계명 중에는 자녀의 학교를 방문해 보자는 규칙이 있다. 자녀의 학교생활을 아는 것은 그만큼 중요한 일이다.

부모가 평소에 보여주는 행동이나 아이에 대한 태도는 자녀의 인성과 심리의 발달에 큰 영향을 미친다. 이것은 그 어떤 기능보다도 중요한 요소로서 자녀의 의식과 무의식을 모두 결정짓는 것이다. 항상 이성적이고 올바른 행동양식을 가진 부모를 보면서 자라는 아이들은 정서적으로 안정적이고 밝은 성품을 가지게 된다. 그러나 거칠고 폭력적인 부모를 보며 자라는 경우에는 아이도 폭력적이고 참을성 없는 성품을 가질 수밖에 없다.

예로부터 교육은 백년지대계라 하여 중요하게 여겨왔다. 1년 후를 위해서는 농사를 짓고 10년 후를 준비하려면 나무를 심고 100년 후를 생각해서는 후세들을 가르치라는 옛 선조들의 말씀을 다시 한 번 음미해볼 필요가 있다.

몇 년 전에 상영되었던 어떤 영화에서는 타임머신을 타고 미래로

간 주인공이 미래사회의 모습에 크게 실망하는 장면이 있었다. 골동품처럼 변한 책은 먼지가 가득 쌓여 있고 미래의 사람들은 우리가 흔히 예상하는 테크놀로지의 사회가 아닌, 수십만 년 전의 원시인들처럼 미개한 환경에서 생활한다. 인류가 편리한 생활을 즐기기만 하고 후세에게 새로운 지식을 물려주지 않은 결과인 것이다. 과장된 영화적 상상이기는 하지만 단순히 허구라고만 생각하고 접어두기에는 껄끄러운 내용이 아닐 수 없다.

교육이라는 것은 10년, 100년 앞을 생각하고 미래를 만드는 것이며 인류의 역사를 이어가는 과정이다. 그 어떤 것보다도 소중하고, 누구보다도 사랑스러운 아이에게 올바른 교육을 시키는 것은 그렇게 중요한 일이다. 내 아이에게 지금 시키고 있는 교육은 무엇을 위한 것인가? 혹시 부모의 대리만족을 위해 아이를 혹사시키는 것은 아닐까?

온 인류에 도움이 되는 교육, 진실로 아이를 행복하게 만드는 교육은 분명 가까운 곳에 있다.

 가정의 행복이 건강한 사회를 만든다

가정의 안정과 행복이 건강한 사회생활의 기본이 된다는 사실은 누구나 알고 있다. 그러나 실제로 숨 가쁘게 변해가는 사회에서 가장들은 사회생활의 틀에 자신을 맞춰 가느라 가정을 소홀히 하는 경우가 많다. 흔히 하는 말로 "처자식 먹여 살리느라 뼈 빠지게 고생한다"는 가장들이 가정을 돌보지 않는 동안 가정은 서서히 파괴되어 가는 경우도 있다.

그러나 현명한 남자들은 이러한 선배 세대의 실수를 되풀이하지 않는다. 일이라는 것은 안락한 가정을 만드는 데 필요한 것이며 즐거운 가정은 일을 즐겁게 만드는 원동력이라고 생각한다.

얼마 전 한 언론사의 설문조사 결과에 의하면 우리나라의 30대 직장인들이 생각하는 인생의 목표에서 가장 중요한 것이 '가족의 행복'이었다고 한다. 전체 응답자의 48.6퍼센트로 거의 절반에 가까운 사람들이 이렇게 대답한 것이다.

실제로 신세대 가장들이 꾸미는 가정은 여러 가지 측면에서 과거와는 크게 다른 모습을 보여준다. 요즘 신세대들은 걸핏하면 야근을 하거나 회사 일을 집까지 끌고 가야 했던 선배들이 보기에는 영악하게 느껴질 만큼 정해진 업무시간을 지키려 한다. 업무만이 아니라 친목 도모를 위한 사내 모임도 마찬가지이다. 갑작스런 야근, 휴일 출근, 2차 3차까지 끝없이 이어지는 회식 등은 신세대들에게는 기피하고픈 심정이다. 대신에 그 시간을 가족들과 오붓하게 즐기고 싶은 것이다.

과거 '둥지족'이라는 신조어가 유행한 적이 있다. 이 둥지족이야말로 오늘날의 신세대들을 설명하는 데 좋은 단어이다. 이른바 둥지족들은 말 그대로 가정을 평온한 둥지라고 생각한다. 해가 지면 둥지로 돌아오는 새들처럼 일이 끝나면 어김없이 집으로 찾아드는 것이 이들의 속성이다. 자신들의 둥지를 가꾸기 위해서는 전통적인 가장의 특징, 항상 바깥일로 바쁘고 집에서는 권위적이고 엄격한데다가 가족들의 작은 일에는 무관심한 듯 보였던 말이 없는 가장의 모습에서 탈피해야 한다고 생각한다.

요즘 길거리에서 흔히 볼 수 있는 젊은 부부들의 외출 풍경은 젊은세대 가장들의 의식 변화를 쉽게 느끼게 한다. 아이를 안고 기저귀 가방까지 든 남편과, 아내라기보다는 여동생처럼 발랄하게 꾸미고 앞장서 걷는 젊은 아내, 또는 저녁시간에 마치 연인들처럼 분위기 있는 레스토랑에서 식사하고 함께 집으로 들어가는 맞벌이 부부 등은 몇 년 전만 해도 쉽게 볼 수 없었던 모습이다.

이런 변화는 주말이나 휴일의 풍속도까지 크게 바꾸어 놓았다. 일요일이면 늦잠을 자다가 일어나 하루 종일 텔레비전 앞에 앉아 있고, 그렇지 않으면 혼자 낚시를 떠나거나 접대용 골프를 치러 나가곤 하던 과거의 모습은 사라진 지 오래다. 요즘은 주말을 가족들끼리 가벼운 외출을 하는 시간으로 이용하는 사람들이 많다. 함께 좋은 영화를 보거나 가까운 서울 근교의 휴양지로 나들이를 가는 것이다. 이들은 각자 취미나 개성이 다양한 만큼 가족들끼리 여유를 즐기는 방법도 각 가정마다 독특한 방식을 찾고 있다. 부부가 함께 등산을 하거나 각종 레저스포츠를 함께 즐기는 등 여유 있는 마음의 휴식을 누리고 싶어 한다. 최근 집은 없어도 차는 있어야 한다는 젊은 세대의 생각도 휴일 나들이를 부채질하게 되는 중요한 요인이다. 몇 번씩 차를 갈아타는 번거로움 없이 마음먹은 대로 편하게 움직일 수 있는 교통수단의 소유는 이들에게 휴일 외출의 부담을 덜어준 것이다.

삶의 질이 향상되면서 단순히 먹고 자고 생활하는 공간이었던 주거문화에 대한 인식도 크게 변화했다. 집을 될 수 있으면 아름답고 개성 있는 실용적인 공간으로 꾸미고, 가구의 선택이나 배열도 가족들의 취향을 살릴 수 있는 방식을 선호하게 된 것이다. 이러한 변화에 따라 최근 인기를 끌고 있는 것이 고객 맞춤식 아파트 등과 같이 설계 단계에서부터 사용자들의 취향을 반영한 주택이다. 경제적으로 여유 있는 신세대 가정들이 선호하는 이러한 주택은 가족들이 '우리 집'이라는 느낌을 강하게 받게 되므로 가족 사이의 친밀감과 결속력을 더더욱 강하게 만든다.

이른바 DIY 가구가 인기를 끄는 것도 이러한 추세의 반영으로 볼 수 있다. 완제품이 아니라 직접 짜 맞추고 못을 박는 등 필요한 가구를 스스로 제작하는 이 DIY 가구는 가족들의 새로운 주말 소일거리가 되었다. 가족들이 사용하게 될 간단한 가구를 모두 모여 직접 만들며 서로간의 신뢰와 애정을 쌓아가는 것이다.

이밖에도 행복한 가정을 만들기 위한 신세대 가장들의 노력은 다양한 방식으로 계속된다. 함께 장보기, 같은 차로 출퇴근하기 등 기초적인 것에서부터 집안 새로 단장하기 등 시간과 노력이 필요한 일들까지, 남들과 다른 우리 집만의 개성을 찾고 가족들 간의 결속력을 다지려는 이러한 노력은 사회의 가장 기초 단위인 가정을 안정되게 만드는 긍정적인 역할을 한다.

그러나 가정에 대한 지나친 집착은 상대적으로 사회성을 반감시키는 부작용도 가지고 있다. 가정을 희생하면서 사회생활에 매달려 왔던 40~50대들이 있었기에 이만큼의 안정을 얻을 수 있었다는 것은 결코 무시할 수 없는 일이다.

지금의 직장인들에게 중요한 것은 일과 놀이의 적절한 결합과 균형이라고 본다.

 **어떻게 행복한 가정을 만드는가**

　　　　　　가정의 중심은 남편과 아내이다. 이 두 사람의 관계에 따라 가정은 각기 모양과 색깔을 달리하게 된다. 여유롭고 평화로운 모습으로 또는 긴장되고 각박한 모습으로 가족 구성원을 지배하게 된다. 불행한 가정을 원하는 사람은 아무도 없다. 누구든 행복하고 안락한 가정을 원하지만 때로 사소한 사건이나 언쟁이 불씨가 되어 행복을 깨뜨리는 경우가 종종 있다. 부부싸움은 부부가 일생을 함께하는데 양념 역할을 한다지만 근원적인 견해 차이에서 오는 시비가 잦다 보면 서로 소홀해지거나 외면하게 되는 결과를 가져올 수도 있다.

　최근 한 여성지에서 '아내의 살 맛을 빼앗는 남편의 못된 버릇 10가지'를 열거해 놓았다.

　- 남을 무시하고 자기만 생각하는 이기적인 남편
　- 입으로, 손으로, 성질로 폭력을 쓰는 남편
　- 못된 버릇(술, 도박, 기타 잡기)을 자랑하는 남편
　- 남(특히 처가)에게 의지하면서 살아가려는 남편
　- 불평·불만의 말이 한시도 입에서 떨어질 날이 없는 남편
　- 돈이 아까운 줄 모르고 펑펑 쓰는 것을 뽐내는 남편

- 남에게는 잘하면서 가족에게는 인색한 남편
- 변덕스러워서 금방 이랬다 저랬다 하는 남편
- 삶의 목표가 없이 그냥저냥 사는 남편

우리나라 남성 대다수가 이 중 한두 가지 혹은 더 많은 항목에서, 전적으로는 아니더라도 다소간은 뒤가 켕길 것 같다. 자신의 모습과는 전혀 다르다고 자신 있게 말할 수 없는 사람이 얼마나 있을까?

지금의 남자들은 이전 세대와는 다르게 가정에 충실하려고 하고 아내와 동등한 관계에 서고자 노력한다. 그럼에도 대다수의 남자들은 합리적인 틀 속에 여전히 보수적인 관습을 싸안고 있다. 아내의 의사를 존중하는 듯하면서도 내심 자존심을 내세우고 은연중에 아내의 사회활동을 깎아내리는가 하면 집안일을 하찮은 일로 치부해 버리기도 한다.

폭력은 어떤 형태이든 간에 인간을 위축시키고 심성을 변화시킨다. 육체적으로 행해지는 폭력이든 언어로 가하는 폭력이든 그 강도에 차이가 없다. 아내의 역할이나 위치에 대한 가치를 하락시키고자 하는 행위도 일종의 폭력이다.

특히 40~50대 남자는 보수성이 잠재된 특성 때문에 민주적인 가장이기를 원하면서 또한 가장으로서 자신의 권위가 존중되기를 바라기도 한다. 그리고 가정도 가장 기초적인 사회로서 질서가 있어야 한다는 측면에서 전통적인 의미에서와는 다른 가장으로서의 권위가 필요하다고 생각한다.

그 권위는 가족 구성원 위에 군림하는 자세로서의 권위가 아니다. 넓게 포용하고 감싸는 권위여야 한다. 특히 아내와 대등한 입장에서 사랑이 전제된 위상이어야 한다. 더불어 아내의 요구도 자신의 요구와 동등하다는 것을 깨달아야 한다.

'남편의 자존심을 얼마나 지켜줍니까' 하는 상품광고를 보면서 한번쯤 '내 자존심은?' 하고 생각했을 것이다. 내 자존심을 지키기 위해 아내의 자존심을 지켜주자. 그것은 웃음이 가득한 가정을 이루는 초석이 될 것이다.

아내의 살 맛까지 빼앗는 남편이 아닌 아내로 하여금 살 맛 나게 만드는 남편, 이런 남자야말로 진정한 자존심을 아는 사람이다.

최근 신세대 남성들은 가정의 행복을 사회적인 성공만큼이나 귀하게 여기고 가정생활에 대한 태도에서도 그 전 세대와는 많이 달라졌다. 주말을 가족과 보내고 가사를 분담한다.

그러나 결혼 전 아내의 사회적 활동을 전적으로 지지하겠다던 약속은 뒷전으로 미루고 아내의 사회적 발전을 위한 장기간의 해외연수 등을 사랑이라는 궁색한 변명으로 붙잡는 한계도 여전히 지니고 있다. 또 온종일 가사노동에 시달린 아내에게 "하루 종일 뭐했냐?"라는 말은 껍질 속에 꼭꼭 숨은 보수성 때문이다.

남편들이여, 한계를 벗어나자!

가정은 사소한 배려가 큰 기쁨이 될 수 있는 곳이다. 마음을 열고 아내의 내면의 소리에 귀 기울여 보자. 연인같이 때론 친구처럼 평생을 함께 할 특별한 반려자가 되기 위해서 말이다.

가정 경영을 어떻게 할 것인가

나와 내 가족을 중요시하는 경향이 두드러지는 젊은 세대들이 결혼하기 전 부모님과 함께했던 가정에 대해서는 의외로 큰 애착이 없다고 한다. 그 이유는 아마도 정치적인 격변을 겪으면서 자연스럽게 진보적인 시각을 몸에 익힌 세대들과 전후의 혼란스런 시기를 '하면 된다'는 의지 하나로 밀어붙여온 부모 세대들과의 사이의 갈등이 오랫동안 누적되어온 결과라고 볼 수 있다.

특히 부모 세대들은 혼란기를 살아왔기 때문에 일종의 신화와도 같은 개인적인 벼락출세에 대한 기대를 저버리지 못하는 데 비해 자녀들은 그런 벼락출세가 사회의 불합리와 모순의 표출이라고 생각한다. 더구나 그들이 사회로 진출하던 시기는 우리 사회에도 최소한의 민주적인 절차가 통용되던 때였으므로 아버지들의 욕심을 채울 수 없었다.

가정에서의 오랜 불화 끝에 독립해 자기 가정을 꾸린 요즘 세대들과 평생을 걸려 이룩해 놓은 가정이 다시 분산되는 것을 경험해야 하는 부모 세대는 그래서 마음속에 서로에 대해 완전히 해소되기 어려운 서운함을 안고 있다.

자식, 특히 아들이 항상 자신의 도움을 필요로 하기를 은근히 바라는 어머니들의 심리도 자녀들이 부모들을 떠나게 만드는 부정적인 요인이 되는 경우가 많다. 이런 어머니들의 심리로 인해 사랑하는 아내가 불편을 겪게 될 것을 꺼리는 젊은 남성들이 늘어나고 있다.

신세대는 아직 경제적으로 안정을 이루기 어려운 시기이다. 경제적인 어려움에서 빨리 탈피하기 위해, 또 한편으로는 여성들이 사회 참여가 활발해지고 일하는 여성이 증가함에 따라 맞벌이 부부가 늘어나고 있는 것은 주지의 사실이다.

또한 결혼해서 집을 장만하기까지의 기간도 보통 10년 정도 소요된다고 한다. 이렇게 되자 그 전까지는 편안하고 자유로운 생활을 보내기 위해 분가를 고집하던 신혼부부들이 다시 부모님들과 함께 살기를 원하는 경우가 많아졌다.

자녀가 생길 경우, 맞벌이를 포기할 수는 없는데 현실적으로 아이를 돌봐줄 시설은 제대로 갖춰져 있지 않고 또한 놀이방이나 유아원처럼 비싸고 시간 조절이 여의치 않은 곳에 아이를 맡기는 것보다는 부모님께 맡기는 것이 경제적으로나 심리적으로나 보다 편안하고 부담이 적을 것은 당연하다. 게다가 맞벌이로 인해 식생활 등 살림살이에 소홀해질 수밖에 없는 것도 부모님과 함께 살면 쉽게 해결이 된다. 또한 주택 구입 이전의 전세 자금도 절약할 수 있으니 계산에 빠른 젊은 세대들에게는 더없이 좋은 방법이다.

그러나 자녀들이 다시 부모에 의존하려 하는 것과는 달리 부모들은 이제 여유 있는 생활을 누려야겠다고 생각하기 때문에 다시 마찰이 일어나게 된다. 평생 자녀들만을 위해 살아오느라 인생의 재미나 여유는 생각도 하지 못한 채 접어두어야 했던 부모 세대들은 성장한 자녀들이 당신들을 떠나면서 갑작스럽게 찾아온 시간적 여유를 이제 스스로를 위해 쓰려고 하는 것이다. 아직은 사회적인 활동력을 가지고 있고 경제적으로도 여유가 있기 때문에 자식들에게 의존하지 않고 활기찬 노후를 맞이하려고 한다.

부모들이 자신들을 위해 희생해야 한다고 생각하는 자식 세대와 이제 우리의 인생을 즐기겠다는 부모들과의 갈등은 때로는 꽤 오랜 시간을 끌기도 하며 치열한 세대 간의 공방전을 펼치기도 한다. 문제는 젊은 가장들이 자신의 가족을 소중하게 여기는 만큼 부모님의 가정도 중요하다는 것을 인정해야 한다는 것이다.

과거에는 부모님을 모시고 살 경우 거의 대부분이 친가 부모님들과 함께 살고 그것을 당연하게 생각했으나 최근에는 처가살이를 자처하는 경우도 크게 늘어나고 있다. "겉보리 서 말만 있어도 처가살이는 하지 않는다"는 것은 옛말이고 이제는 장인, 장모도 부모라는 생각을 하는 남자들이 많아지고 있다. 이것은 물론 바람직한 현상이기는 하지만 더러는 부모님과의 '재결합'을 거부당한 것에 대한 차선책은 아닌지 곰곰이 생각해 보아야 할 것이다.

어떤 세대이건 세대 간의 갈등은 어쩔 수 없는 현상이다. 이것을 현명하게 풀어가는 것은 각 세대들의 적극적인 노력이 요구되는 일이다.

부모 세대들은 어린 시절에 전쟁을 겪었으며 전후의 혼란 속에서 안정을 이루기 위해 노력해 온 사람들이다. 그분들은 생존 자체를 목적으로 생활해 왔으며 가족들이 생계를 위협받지 않고 살아가게 만드는 것이 가장의 임무라고 생각해 왔다. 지금 신세대들이 자라면서 누려온 교육적 · 경제적인 혜택은 부모 세대들의 희생 위에서 이루어진 것이다. 그것만은 결코 부인할 수 없는 사실이며 역사적인 조건으로 인해 왜곡된 기성세대들의 가치관에 대해서는 반발한다 하더라도 자신과 가정을 지키기 위한 그분들의 노력은 인정해야 한다.

이제 멀지 않은 시일 내에 지금의 신세대들이 정치, 경제, 문화 등 사회를 이끌어 가게 될 것이다. 그리고 그로부터 얼마 후에는 지금의 40~50대들과 같이 다음 세대에게 그 자리를 넘겨줄 준비를 해야 한다. 왜냐하면 시간은 항상 흐르는 것이며 세대는 늘 순환하기 때문이다.

가정의 행복은 부부가 창조하는 것

남자에게 30대란 참으로 아름다운 시기이다. 어리지도 않으며 활력에 넘치는 인생의 절정이 바로 30대이다. 미숙한 시행착오의 시기는 지나갔으나 모든 것이 완벽하게 굳어져 버리지는 않은, 성숙하면서도 패기에 넘치는 때이다.

대부분의 남자들에게 30대는 온갖 다양한 일들을 경험하는 파란만장한 시기이다. 유명한 문학작품이나 드라마들이 이 나이의 남자들을 이야기하는 것도 그만큼 폭이 넓고 다양한 일들이 벌어지기 때문이다. 이 소중한 시간을 어떻게 보내는가는 분명히 자신이 결정할 문제이다. 스스로의 판단에 따라 아름답고 활기찬 시간이 될 수도 있고 우울하고 어둡게 변할 수도 있는 것이다.

30대에 일어나는 일 가운데 개인에게 가장 큰 영향을 주는 것은 아마도 가정을 꾸리는 일일 것이다. 한 여자의 남편이 되고 한 아이의 아버지가 된다는 것은 자신의 삶을 이제까지와는 전혀 다른 방식으로 바꾸는 일이다. 결혼 전에는 밤늦도록 친구들과 어울려 다니며 놀던 사람도 결혼 후에는 퇴근하기 무섭게 집으로 돌아가는 성실한 가장이 되는 경우가 많다. 가정을 이끌어가야 한다는 책임감이 이렇게 한 사람의 생활을 바꾸는 것이다. 현명하고 지혜로운 아내는 남편의 삶에 희망과 기쁨을 불어넣는 활력소가 된다. 행복한 결혼생활은 두 사람의 미래를 모두 밝고 환하게 만드는 것이다. 사랑하는 아내와 아이들이 있는 안락한 가정을 통해 몸과 마음이 행복으로 가득 차는 경험을 하게 되는 것이 남자의 30대이다.

반면에 불행한 결혼으로 온통 절망 속에 빠지는 남자도 있다. 사랑이 없는 결혼, 웃음이 없는 가정은 불행한 것이다. 그리고 가정의 불행은 그 사람의 사회생활에도 많은 지장을 주어 모든 일에 희망과 자신감을 잃게 만든다.

최근 우리나라도 이혼율이 급격히 증가하고 그중에서도 특히 결혼한 지 5년 이내, 즉 30대에서의 이혼이 크게 늘어나는 추세라고 한다. 이혼은 심리적으로는 커다란 상실감을 안겨주며 폐쇄적인 성격을 만들 수도 있다. 가장 활력 있게 살아가야 할 나이에 이혼까지 치닫게 되는 심각한 불화를 겪는 것은 육체적으로나 정신적으로나 큰 손실이 아닐 수 없다.

또한 남자 30대의 삶에 가정생활만큼이나 중요한 영향을 미치는 것이 사회생활이다. 수많은 사람들이 어울려 살아가는 복잡다양한 사회에서 내가 맡은 일, 내가 해야 할 일이 있다는 것은 인생의 중요한 가치이다.

직업을 가진다는 것은 건강한 사회인으로 살아간다는 의미이며 자신의 삶을 자신의 능력으로 꾸려갈 수 있다는 뜻이다. 이러한 사회적인 인정과 성취는 남성의 삶에서 빼놓을 수 없는 것이다.

30대의 건강하고 지적으로도 우수한 남성이라면 사회 전반을 책임지는 막중한 임무를 부과 받을 것이다. 내가 아니면 안 되는 일, 오직 나만이 완벽하게 해낼 수 있는 일을 만드는 것이야말로 자신의 존재에 대해 커다란 자부심을 가지게 만드는 것이다.

남자의 30대에 선택하는 일은 평생 하게 될 일인 경우가 많다. 사업을 한다 해도 그것과 관련 있는 일을 찾게 되고 직장을 옮기는 경우에도 비슷한 업무를 하게 되는 경우가 많다. 또한 일에 따르는 보수가 가정을 이끌어가고 미래를 설계하는 중요한 수단이 된다. 아무리 적성에 맞고 자신의 능력을 발휘할 수 있는 일이라 해도 생계를 유지하기에 적절한 수준의 보수가 주어지지 않는다면 계속할 수 없는 것이 당연하다. 부모로부터 완전히 독립해 자신의 가정을 꾸려나가는 30대에게는 경제적인 능력도 결코 쉽게 생각할 수 없는 중요한 문제이다.

30대는 바쁘다. 사회적으로도 다른 세대들에 비해 많은 일을 떠맡고 있고, 새로운 가정도 꾸려야 하고 자기를 계발하기 위한 노력도 계속해야 한다. 그저 정신없이 바쁘기만 한 것이 아니라 바쁜 속에서 자신의 미래를 만들고 인생을 설계해야 하기 때문에 더더욱 쉴 틈이 없다.

30대에 자신의 지위를 확고히 하지 못하는 사람, 가정적으로나 사회적으로 안정이 되지 못하고 여전히 표류하는 사람은 그만큼 남들보다 뒤처지는 삶이 될 것이다. 시간은 결코 되돌릴 수 없으며 젊음은 다시 오지 않는다. 30대를 지나고 나면 바로 40대 중년에 접어들게 된다. 아직은 많은 가능성이 있고 원하는 일을 할 수 있는 나이에 알차게 자신의 인생을 설계하고 미래를 준비하는 남자만이 다가오는 시간을 풍요롭게 맞이할 수 있을 것이다.

먼 훗날 후회하지 않는 노년을 맞이하기 위해 지금의 시간을 알차게 엮어가 보자.

건강한 가정, 풍요로운 중년

젊은 시절에는 특별한 질병이 없는 한 대부분의 사람들이 건강에 대해 자신감을 가지고 있다. 그렇듯 자신감이 있기 때문에 건강을 위해 별다른 투자를 하지 않게 된다. 또한 어떤 사람들은 친구들과 어울려 다니며 밤늦도록 술을 마시는 것이 젊은 날의 특권이라도 되는 듯 행동하기도 한다. 그러나 건강이란 스스로 지키지 않는 한 누구도 보장할 수 없는 것이다.

젊은 시절을 방탕하게 보낸 사람은 나이가 들면서 고스란히 그 대가를 치르게 된다. 특히, 30대의 육체는 인생에서 최상의 컨디션을 유지하는 상태다. 그러나 그 건강과 젊음을 오랫동안 유지하기 위해서는 적절한 휴식과 운동이 중요하다.

직장인들의 경우 퇴근시간 후에도 계속되는 야근이나 회식, 접대 등으로 제대로 휴식을 취하지 못하는 경우가 많다. 특히 퇴근 후 집에까지 일을 가지고 가 밤을 새우다시피 일하기도 한다. 이렇게 몸을 돌보지 않고 일에만 매달리다 보면 자신도 모르게 건강이 악화되어 돌이킬 수 없는 상태에 이르게 된다. 아무리 일이 많더라도 일은 업무시간에 끝내고 나머지는 휴식을 취할 수 있도록 바꾸어 보자.

직장인들에게 많은 질병 중 하나가 위장 질환인데, 이것은 식사가 불규칙한 것과 지나친 음주가 가장 큰 원인이다. 출근시간에 쫓기느라 아침을 거르고, 점심은 대충 때우고, 저녁은 술로 대신하는 생활이 반복되다 보니 탈이 나지 않을 수 없는 것이다. 아침 식사를 거르는 직장인들이 많은데 이는 건강에 매우 치명적인 일이다.

담배를 많이 피우는 것도 직장인의 건강을 해치는 일 중 하나이다. 많은 사람들이 새해가 되면 금연을 결심했다가 한 달이 채 못 되어 다시 피우곤 하는 것을 볼 수 있다. 담배를 끊는다는 것은 그만큼 어려운 일이다. 그러나 담배가 주는 여러 가지 해악을 생각하면 당장은 고통스럽더라도 무조건 끊는 것이 최상임을 알 수 있을 것이다. 특히 젊은 남성들의 경우, 여자가 담배를 피우는 것에 대해서는 2세에게 안 좋은 영향을 준다고 반대하면서 임신한 아내 곁에서 버젓이 담배를 물고 있는 일이 많은 데 간접흡연으로 인한 해가 더 크다는 것은 이미 잘 알려진 사실이다.

어떤 지위에서 어떤 일을 하건 스트레스는 피할 수 없는 것이다. 특히 30대는 직장에서나 가정에서나 양쪽에 치이는 샌드위치 세대이기 때문에 스트레스도 크다. 윗세대와 아랫세대, 부모님과 자식, 상사와 부하 직원 사이에 끼인 사람들이기 때문에 양쪽 모두에게 오는 스트레스가 만만치가 않다.

스트레스는 건강에서 가장 큰 적이다. 처음에는 두통이나 소화불량과 같은 사소한 증상에서 시작하지만 시간이 지나면서 계속 누적되면 신체적으로나 정신적으로나 심각한 증상이 나타나는 것이다. 지금과 같이 복잡한 현대사회에 살면서 스트레스가 전혀 없을 수는 없다. 그러나 최소한으로 줄이기 위해 노력하는 것, 그리고 그때그때 풀어버리는 것은 가능한 일이다. 항상 밝고 긍정적인 마음으로 생활하도록 하자. 또한 좋지 않은 일은 하루빨리 잊어버리는 것이 좋다. 스트레스가 쌓이는 것은 결국 자기 자신만 손해 보는 일이다.

항상 편한 마음과 웃는 얼굴을 가진 사람은 자신도 즐거워지고 남들도 기쁘게 해준다. 건강한 생활을 위해 빼놓을 수 없는 것이 바로 규칙적인 운동이다. 시간이 없어서, 혹은 게을러서 못하는 경우가 많다. 그러나 운동은 꼭 많은 시간과 노력을 필요로 하는 것은 아니다. 또 약간의 시간과 노력만 투자한다 해도 투자한 것 이상의 결과를 얻을 것이며 그 이익은 모두 본인에게 돌아온다. 그리고 사교를 위해서도 축구, 테니스 또는 볼링이나 골프 등과 같은 운동은 효과가 크다.

우리나라 40대 남자의 사망률이 세계 1위라는 것은 슬픈 사실이다. 젊은 시절 쉬지 않고 앞만 보고 달려온 항상 일에만 파묻혀 자신을 돌보지 못했던 남자들이 40대에 이르러 급격하게 건강이 악화되는 것이다. 건강을 잃는 것은 모든 것을 잃는 것이다. 현명한 남자라면 지금부터 건강을 다짐으로써 건강과 활력 넘치는 중년을 맞이할 것이다. 중년이 되어 건강이 염려되기 시작하면 운동 대신에 몸에 좋다는 각종 보양식이나 건강식품을 열심히 찾아다니는 사람들도 있는데, 아무리 좋은 음식이라 해도 운동으로 다져진 체력을 능가하지는 못한다. 중년의 나이에 건강을 잃는 것은 사회적은 모든 활동에서 소외되는 것이며 그때까지 이루어온 모든 것들이 의미를 잃는 것이다.

건강한 40대를 위한 노력은 바로 지금부터 시작해야 한다.

남자 40대는 성공을 거두는 나이

앞서 30대 남자들에 대해 그들의 지위, 사회적인 역할, 가정생활 등의 전반적인 분야를 살펴보았다. 그리고 이제 30대 남자의 마지막에 와 있다.

남자 30대와 40대는 어떻게 다른가? 30대 남자와 40대 남자는 무엇으로 구분하는가? 많은 사람들이 나이가 드는 것을 두려워한다. 나이가 많아지는 것은 그만큼 책임져야 할 일이 많아지는 것이며 젊은 시절에 가졌던 꿈과 이상으로부터 점점 멀어진다는 의미이기 때문이다. 특히 자신의 삶이 스스로 꿈꾸던 미래에 비해 부족하다고 느끼게 되더라도 획기적인 반전의 기회가 차츰 줄어들고 하나의 형태로 고정되어 가는 자신의 모습을 바라보는 것이 결코 즐거운 일은 아닐 것이다. 거기에다 더 이상 젊지 않은 40대라는 생각을 하면 더 더욱 위축되는 것이다.

그러나 모든 남자들이 이렇게 생각하는 것은 아니다. 40대에 얻을 수 있는 보다 안정된 생활과 풍요, 여유로움을 만끽하는 남자들도 많은 것이다. 적어도 40대가 되면 20~30대와 같은 불안정함이나 삶의 방향을 뒤흔드는 변수는 많이 줄어들어 있으리라는 기대, 40대가 되면 더 이상의 동요나 혼란은 없으리라는 기대를 하는 남자들도 많다. 특히 30대 후반에 사업을 시작한 젊은 사장들에게 40대는 상상만으로도 즐거운 장밋빛 미래일 것이다.

남자의 40대를 어떻게 상상하는가는 순전히 개인적인 문제이다. 그러나 분명한 사실은 안정되고 풍요로운 40대란 어느 날 갑자기 시작되지 않는다는 것이다. 인생이란 하나로 연결된 고리와 같다. 어느 시기도 홀로 존재하는 것이 아니다. 과거의 시간들을 어떻게 보냈는가에 따라 40대의 삶이 달라지는 것이다. 자신 있고 활력 있는 30대를 보낸 남자들에게 40대란 여유를 즐기면서 노후를 준비하고 커가는 자녀들을 보면서 뿌듯해 하는 시기이다. 그러나 30대까지 대충대충 살아온 남자에게 40대란 막연하고 두려운 시기가 될 것이다.

회사라는 조직 생활은 무서운 것이다. 더 이상 쓸모가 없다고 생각되거나, 새로운 가치를 만들어 내지 못하는 자에게는 기회를 주지 않는 것이 기업의 생리이다. 자기계발의 노력 없이 적당히 버텨온 사람들은 스스로 조직을 이끌고 나가야 할 40대가 되면 무능력자로 전락해 도태되게 된다. 어떻게 보면 지나치게 살벌한 경쟁사회의 단면으로 느껴지지만 우수한 능력을 가진 사람들은 그만큼 노력한 과정이 있었던 것임을 잊어서는 안 된다.

지금까지 우리가 보아왔던 40대 가장의 모습이 그다지 좋은 모습만은 아니었던 것이 사실이다. 젊은 시절부터 끊임없이 앞만 보고 달려온 사람들, 생존경쟁에서 뒤처지지 않기 위해 일 이외의 모든 것을 희생해 온 남자들이라는 것이 지배적인 이미지였다. 게다가 날로 의식이 높아져 가는 자녀들로부터 소외되고 아내에게까지 무능력자라는 소리를 듣기도 하고, 그래서 어느 날 문득 자신의 삶이 덧없게 느껴지는 쓸쓸한 중년이 우리나라 40대 가장들의 모습이었다.

그러한 40대에 대해 젊은 세대들은 권위적이고 관료적이고 비민주적이라고 비난해왔다. 나는 적어도 그렇게 살지는 않겠다고 당당하게 말해온 것이다. 그러나 30대 후반에 접어들어 40대라는 나이를 눈앞에 두고 있는 세대들로써는 쉽게 그런 말을 할 수가 없을 것이다. 왜냐하면 그렇게 초라하고 지친 40대는 먼 미래가 아니라 바로 내일 나의 모습일 수도 있기 때문이다.

인간의 역사는 되풀이되고 있다. 한때 내가 멀리서 바라보던 자리에 결국은 내가 서게 되는 것이다. 그러나 그러한 순환의 와중에도 변화와 성장은 있게 마련이다. 정치적인 혼란기와 경제 부흥기를 정신없이 달려온 기성세대와 우리 역사에서는 최초로 풍요를 경험한 세대인 지금의 신세대들의 10년 후는 다른 것이다.

지금 신세대인 당신이 기성세대가 되는 가까운 미래를 생각해 보자.

이 세계를 이끌고 가는 자랑스러운 중년인가, 이리저리 떠밀리며 방황하는 중년인가?

그것을 결정하는 것은 다름 아닌 바로 지금의 당신이다.

당당하고 멋있는 40대를 맞이하기 위한 준비는 바로 지금 시작해야 한다.

Chapter 08

자기계발이란 무엇인가

● 자기계발은 스스로 해야 성공한다 ● 직장인의 자기계발은 생존이다 ● 유머감각도 자기계발이다 ● 위기의식이 자기계발을 촉진한다 ● 자기계발은 자신을 새롭게 만든다 ● CEO의 안목을 키워라 ● 자기소개서를 차별화하라 ● 지혜를 모으는 회의를 하라 ● 회사는 인재의 기준을 어떻게 보는가 ● 자기경영, 자기계발을 차별화하라 ● 자기계발은 성공의 지름길이다 ● 시간 활용을 잘해야 자기계발에 성공한다

자신을
경영하라
Self-Management

 ## 자기계발은 스스로 해야 성공한다

　　　　　　모든 사람은 끊임없이 무언가를 갈망한다. 지금보다 나아지고 더 잘 살려고 한다. 따라서 본질적으로 자신의 과거와 경쟁하는 것이다. 자기계발은 이런 갈망에 대한 투자를 의미한다. 좋은 자기계발서는 세 가지 공통적인 특성을 가지고 있다.

　첫째, 자신에게 가장 자기다운 역량을 높이도록 도와준다. 만일 "마음만 먹으면 무슨 일이든 다 잘할 수 있다"고 주장하는 자기계발서가 있다면 경계해야 한다. 우리는 모든 것을 다 잘할 수 없다. 사람이기 때문에 할 수 있는 것에는 한계가 있기 때문이다. 하지만 내가 잘할 수 있는 것은 분명히 있다. 그것이 무엇인지 모색하고 발견하고 육성하는 것이 자기계발의 과정이다. 따라서 책을 읽고 '나의 차별화'에 대한 고민의 깊이를 더할 수 있게 도와준다면 좋은 자기계발서라 할 수 있다.

둘째, 좋은 자기계발서는 반드시 '인간에 대한 이해'를 바탕으로 한다. 대세와 주류에 편승해서 자신을 꾸미게끔 만들고 다른 사람들이 세상을 보는 관점에 순응하는 값싼 처세술을 자기계발로 생각해서는 안 된다.

사과와 배는 우열을 따질 수 없다. 그저 다를 뿐이다. 다르기 때문에 자기만의 유일한 가치가 있는 것이다. 따라서 자기계발의 핵심은 다른 사람과의 경쟁이 아니다. 오히려 '다른 사람과의 공존과 보완'이라는 인간관계를 의미한다. 자신의 삶뿐만 아니라 다른 사람의 삶에 대한 이해를 가정한다. 인간에 대한 이해가 부실한 자기계발서는 나와 다른 사람과의 관계를 경쟁관계로 왜곡하고 악용될 수 있는 소지를 제공할 수 있다는 점에서 매우 위험하다.

셋째, 지나치게 구체적인 방법론과 테크닉에 치중한 자기계발서는 권하기 어렵다. 왜냐하면 '효율은 창조의 적'이라는 점을 명심해야 한다. 원칙은 변하지 않는 것이지만 늘 변해야 마땅한 것이 바로 방법론과 테크닉이다. 모범과 표준을 정해 마치 꼭 지켜야 할 법칙처럼 나열하고 강조하는 것을 친절한 구체성으로 받아들여서는 안 된다. 참고할 사례와 자료를 제공하되 자신에게 맞는 새로운 방법을 스스로 터득하고 만들어내는 것을 도와주는 자기계발서가 좋은 것이다.

덤으로 꼭 준수해야할 원칙 하나. 좋은 책은 좋은 사람과 같다. 그 사람과 같이 있어 내가 더 나은 사람처럼 여겨지면 그 관계는 좋은 관계다. 책도 그렇다. 그 책을 보고 내가 더 좋은 생각을 깊이 할 수 있게 됐다면 그것만큼 '완벽한 자기계발서'는 없다.

새로운 사람으로 거듭나고 싶은가. 당신의 삶을 바꾸고 싶은가.

미국의 시사주간지 〈US뉴스&월드리포트〉 최신호가 '2009년 당신의 인생을 개선하는 50가지 방법'을 커버스토리로 소개한 적이 있다. "지속 가능한 변화를 달성하기 위해선 작은 것부터 시작하고 현실적인 계획을 세우는 것이 가장 중요하다"면서 변화를 꿈꾸는 사람들을 위해 각계 전문가들의 조언을 토대로 50가지 방법을 제안하고 있다.

1. 우선순위를 세운다.
2. 명상을 시작한다.
3. 옷장을 비운다.
4. 필요 없는 물건은 과감히 버리거나 남에게 준다.
5. 앨범을 정리한다.
6. 옷과 소지품을 계절별로 정리, 수납한다.
7. 잡동사니를 정리한다.

8. 주거환경을 바꾼다.

9. 가사노동에서 잠시라도 해방돼 자기 시간을 갖는다.

10. 성공 지향주의를 버린다.

11. 독서 등으로 두뇌를 자극한다.

12. 화초를 기른다.

13. 놀이에 취미를 붙인다.

14. 젊은 문화에 관심을 갖는다.

15. 독서량을 늘린다.

16. 성생활을 활성화한다.

17. 재정 상태를 점검한다.

18. 가정 비용을 줄인다.

19. 투자를 다각화한다.

20. 신용카드 사용을 끊는다.

21. 재정적으로 최악의 상황에 대비한다.

22. 신용도를 관리한다.

23. 자연재해 등에 대비한 비상계획을 세운다.

24. 전화번호, 주소록 등 각종 자료를 정리한다.

25. 영수증 등 서류를 정리한다.

26. 반신욕을 한다.

27. 숙면을 취한다.

28. 금연한다.

29. 식사를 조절한다.

30. 신선한 과일을 먹는다.

31. 흰 빵, 흰 쌀 등 식탁에서 흰색을 없앤다.

32. 청량음료를 끊는다.

33. 패스트푸드를 끊고 건강식을 먹는다.

34. 결혼한다.

35. 야채 섭취를 늘린다.

36. 가벼운 부상을 조심한다.

37. 자동차 운전을 조심한다.

38. 가스 사고에 대비해 실내 경보기를 단다.

39. 신용카드, 영수증을 철저히 관리한다.

40. 집 안의 각종 벌레를 박멸한다.

41. 야외활동을 늘린다.

42. 치아 건강을 관리한다.

43. 매일 스트레칭 체조를 한다.

44. 발에 맞는 신발을 신는다.

45. 매일 최소 10번 심호흡을 한다.

46. 비타민을 복용한다.

47. 철학서, 철학 강좌 등에 관심을 가져본다.

48. 봉사활동을 한다.
49. 외모를 바꾼다.
50. 용서한다.

직장인의 자기계발은 생존이다

　　대체로 경쟁의 출발점에서는 개개인의 능력에 결정적인 차이가 없다. 그러나 출발 이후 맞닥뜨리게 되는 외부의 변화에 어떻게 대응하느냐에 따라 결과는 확연히 달라진다.

　비즈니스 세계에서 이류나 삼류인 사람은 처음부터 바람을 피해 간다. 처음부터 승부를 체념하는 것이다. 어느 정도까지는 참아낸다 해도 언젠가는 변화에 날려 꺼져갈 운명이다. 그들의 실력이 부족한 탓도 있지만 변화를 받아 내는 방법을 모르는 데서 그 원인을 찾아볼 수 있다. 그러나 일류인 사람들은 외압을 장애로 보지 않고 오히려 자기를 성원하는 것이라고 생각하며 투지를 불태운다. 그와 동시에 바람을 과학적으로 이용하는 방법도 알고 있다.

　비행기나 고속열차의 앞부분은 바람의 저항을 줄이기 위해 유선형이라는 점을 상기하자. 평상시 '성공 전략'인 직장 매너가 비상시에는 '생존 전략'이 된다. 친절교육 전문기관인 서비스매너연구소 K 소장은 여러 기업체에서 친절한 매너에 대해 교육하고 있다. 그는 "직장 선후배, 동료 및 고객과의 원만한 관계를 유지하도록 도와주는 것이 매너 교육"이라면서 "좋은 매너야말로 불황에서 살아남기 위한 필요조건"이라고 말한다. 다음과 같이 사소해보일 수 있는 것을 지키라고 조언한다.

첫째, 표정 관리를 잘한다. 인사하기 전후 또는 대면할 때와 돌아설 때의 표정이 갑자기 달라지면 표리부동한 느낌을 주기 쉽다. 2~3초 이상 미소 띤 표정을 유지하도록 한다.

둘째, 부름에 신속히 반응한다. 윗사람이 부르면 앉았다가도 일어서서 주목하는 태도를 보인다. 정지된 모습보다 가볍게 다가서며 반응한다. 동료가 말을 걸면 눈동자나 얼굴만 돌리지 말고 몸을 돌려 정면으로 대한다.

셋째, 먹기 전에 먼저 권한다. 점심 식사, 음료수 등 먹는 문제가 걸리면 윗사람이나 동료에게 두세 차례 권한다. 회식 자리에서 상사가 수저를 들기 전에 음식에 손대는 것은 금물이다.

넷째, 퇴근할 때 인사한다. 상사보다 먼저 퇴근하려 할 때는 직접 이유를 설명하여 양해를 구한다. 다른 사람을 통해 말을 전하거나 슬그머니 빠져 나가지 않도록 한다.

직장에서 본인이 희망하는 지위를 얻어 큰 책임을 떠맡아 그 일을 성공적으로 완수했을 때 느낄 수 있는 희열이나, 부하 직원을 인재로 육성하여 정예화시킴으로써 맛볼 수 있는 성취감도 성공의 한 단면이라고 말할 수 있다. 이런 점에서 성공의 의미는 물질적인 성공이든 정신적인 성공이든, 그것이 일시적이 아닌 전 인생을 통하여 계속적으로 풍요롭고 충실한 생활을 보장해주는가 아닌가의 여부에 달려 있다고 볼 수 있다.

"성공이란 마음먹기에 달려 있다"고 한다. '자기 성공전략'을 만들어 끈기 있게 추진하며 도전해야 한다는 의미와 같다. 그리고 성공하기 위한 핵심 조건은 스스로 창조해야 한다.

- 평생직장은 없다. 평생직업에 충실하라. 이제는 어느 회사에 다니는가보다는 어떤 일을 할 수 있는가가 중요하다.
- 살아남으려고 애쓰지 말라. 조기퇴직, 정리해고와 같은 칼바람은 한번만 겪는 일이 아니다. 전문성을 키우는 게 중요하다.
- 자기 몸값은 스스로 높혀라. 직장인은 프로 운동선수와 같다. 능력이 떨어지면 감봉이나 퇴출도 감수해야 한다.
- 회사보다 자신을 사랑하라. 자신의 인생 목표를 뚜렷이 세워 일에 대한 성취감을 높여라.
- 인연에 의존하지 말라. 혈연, 학연 같은 거품이 장래를 보장

하던 시대는 지났다.
- 일을 적게 하라. 소소한 잡일을 늘려 하거나, 중요하지 않은 일에 과도한 정성을 들이지 말라.
- 맹목적인 충성심을 버려라. 자신의 장래를 회사에 내맡기고 무작정 잘 되겠지 하는 소극적인 태도는 버려라.
- 한눈을 팔아라. 급변하는 시대에는 다양한 분야에서 활약하는 '멀티플레이어'가 현장에서 필요한 존재이다.
- 안에서 놀지 말고 나가서 놀아라. '방안풍수'가 되지 말고 넓은 세계와 접하라.
- 원리원칙대로 일하지 말라. 원리원칙만 중시하는 '교과서주의'에 빠져서는 창의성을 발휘할 수 없다.
- 인생을 두려워하지 말라. 인생은 살 가치가 있다고 믿으라. 그대의 그러한 믿음은 그 사실을 창조하는 데 도움을 줄 것이다.

유머감각도 자기계발이다

성공하는 사람이 되려면 반드시 갖춰야 할 덕목의

하나가 바로 풍부한 유머감각을 키우는 것이다. 누군가를 설득하고 이끌어야 할 위치에 있는 사람에게 유머는 소중한 자산이다.

아날로그 시대에는 권위 하나로 많은 사람을 거느리고 경영을 쉽게 했지만 디지털 시대의 최고 경영자는 급변하는 경영환경에 신속하게 적응할 수 있는 유머감각이 풍부해야 성공할 수 있다.

유머는 여유 있는 마음과 유연한 생각을 하는 사람에게서 나온다. 유머는 사람이 살아가는데 진정으로 좋은 청량제이며, 그 소재를 찾아내는 것도 능력에 속한다.

처음 만나는 사람과 사업 이야기부터 꺼내는 것은 어딘지 모르게 분위기가 너무 딱딱하고 어색하다. 잘 모르는 사람과 이야기할 때는 정치, 종교, 인종문제처럼 민감한 화제는 삼가는 것이 좋다. 이해利害 관계 없는 아주 가벼운 소재로 시작하여 어느 정도 분위기가 무르익었다 싶으면 본론으로 들어간다.

필자의 경험으로는 상대방의 취향을 미리 파악해 두는 것이 좋다고 생각한다. 스포츠, 음악, 문학, 영화, 연극 등 우리 주변에서 자주 접할 수 있는 각종 문화행사와 연관시켜 상대방이 관심을 갖고 있는 분야에서 소재를 이끌어 내면 비즈니스를 부드럽게 할 수 있다.

요즘처럼 골프가 빠르게 대중화되고 있을 때 골프 유머만큼 우리를 편하게 해 주는 소재는 없다. 그래서 신은 인간에게 골프라는 매우 값비싼 스포츠를 내려 준 것이다. K 씨는 골프장에서 종종 동반자를 웃기며 분위기를 바꾸는 데 이용하는 유머를 소개한다. 이른바 'Y담'도 자주 동원한다.

퍼팅할 때 'Never Up Never In'이라는 말이 있다. 다다르지 않으면 들어가지 않는다는 뜻이다. 필자는 이 말을 '불기불립 불립불입不起不立 不立不入'으로 번역한다. '세우지 않으면 서지 않고, 서지 않으면 들어가지 않는다.'는 것이다.

경영에서도 갈등과 긴장이 생기면 유머로 풀어 준다. 직설적인 지시보다 유머로 우회하는 것이 훨씬 좋다. 언제 어디서나 분위기에 어울리는 유머를 구사할 수 있는 남자라면 그는 사업이나 인생에서 이미 절반은 성공한 것이다.

다음의 웃음 10계명을 명심하고 유머감각을 키워보자.

- 크게 웃어라. 크게 웃는 웃음은 최고의 운동법이며 매일 1분 동안 웃으면 8일 더 오래 산다. 크게 웃을수록 더 큰 자신감을 만들어 준다.
- 억지로라도 웃어라. 병도 무서워서 도망간다.
- 일어나자마자 웃어라. 아침에 첫 번째 웃는 웃음은 보약중의 보약이다. 삼 대가 건강하게 되며 보약 열 첩보다 낫다.
- 시간을 정해 놓고 웃어라. 평생 병원을 멀리할 수 있다.
- 마음까지 웃어라. 얼굴 표정보다 마음의 표정이 더 중요하다.
- 즐거운 생각을 하며 웃어라. 즐거운 웃음은 즐거운 일을 창조

한다. 웃으면 복이 오고 웃으면 웃을 일이 생긴다.
- 함께 웃어라. 혼자 웃는 것보다 세 배 이상 효과가 좋다.
- 힘들 때 더 웃어라. 진정한 웃음은 힘들 때 웃는 것이다.
- 한번 웃고 또 웃어라. 웃지 않고 하루를 보낸 사람은 그날을 낭비한 것이나 마찬가지다.
- 꿈을 이뤘을 때를 상상하며 웃어라. 꿈과 웃음은 한집에 산다.

위기의식이 자기계발을 촉진한다

　　　　　　　국내 대기업의 중견 직장인 10명 중 4명은 '인맥 및 사회 네트워크 부족'을 자신의 직장 생활 최대 약점으로 꼽고 있다.
얼마 전 〈한국경제신문〉에서 10개 우량 대기업의 중견 직장인(차장에서 초급 임원) 319명을 대상으로 벌인 설문조사 결과 응답자의 39.8퍼센트(복수응답)가 이같이 답했다. 이는 직장인 상당수가 여전히 이른바 '빽(배경이나 인맥)'을 직장생활 유지에 가장 중요한 요소로 여기고 있다는 것이어서 주목된다. 나머지는 도전의식 부족(29.5퍼센트), 나태(21.3퍼센트), 건강(18.9퍼센트) 등의 순으로 조사되었다.
　해외로 이민을 떠날 의향이 있느냐는 설문에는 22.5퍼센트가 '있다'고 응답했으며 '상황에 따라 판단하겠다'는 답도 40.2퍼센트에 달했다. '이민 갈 생각이 없다'는 응답은 37.3퍼센트에 그쳤다. 응답자들은 이민을 생각하는 이유로 자녀교육(35.9퍼센트)을 첫 손가락에 꼽았고 과밀화에 따른 스트레스(25.1퍼센트), 경제적 안정(15.5퍼센트) 등의 순서로 응답했다. 또 향후 경기 전망에 대해서는 59.3퍼센트가 '최악의 상황은 벗어났지만 좋아지기도 어려울 것'이라고 답했고 '바닥을 치고 상승할 것이다'라는 응답은 36.9퍼센트였다. '불황의 골이 더욱 깊어질 것'이라고 답한 비율은 3.3퍼센트에 불과해 경기가 더 이상 나빠지지는 않을 것으로 보는 의견이 지배적이었다. 부동산 경기에 대해서는 65.2퍼센트의 응답자가 '점차 살아날 것'으로 내다봤다.

설문에는 삼성전자, 현대자동차, LG전자, 포스코, SK, 삼성SDI, 현대모비스, LG화학, 대한항공, 대우조선해양 등 10개 회사 중견 간부들이 응답에 참여했다. 설문 조사의 주요 대상은 40대가 61.5퍼센트, 30대 후반이 27.0퍼센트로 압도적 다수를 차지한 가운데 소득별로는 연봉 4000만 원 이상이 80.7퍼센트에 달했다. 경제적으로 비교적 여유가 있고 직장 내에서도 안정된 지위를 갖고 있는 간부들이다. 그러나 자신의 실질적인 직장 정년을 묻는 설문에 '45세 이상 50세 미만'은 42.6퍼센트, 45세 미만은 8.2퍼센트로 나타나 절반 이상이 50세를 넘어 회사를 다니기 어려울 것으로 내다봤다. '55세 이상'은 2.9퍼센트에 불과했다. 중견 간부를 대상으로 한 조사였음에도 불구하고 '장차 CEO가 되기를 원하지 않는다'는 응답 비율이 39.3퍼센트로 의외로 높게 나온 것도 이 같은 조기퇴직과 무관치 않은 것으로 분석된다.

LG화학의 한 관계자는 "임원이 돼도 언제 그만둘지 모르는 판에 감히 CEO를 꿈꿀 수 있겠느냐"면서 "직장생활의 눈높이를 현실적으로 조정한 데 따를 것"이라고 말하고 있다.

또한 이들은 자녀에 대한 사교육비로 43.3퍼센트가 월 평균 '50만 원 이상 100만 원 미만'을 지출하고 있다고 대답했다. 다음은 50만 원 미만(34.9퍼센트), 100만 원 이상 200만 원 미만(17.6퍼센트), 200만 원 이상(4.2퍼센트) 등의 순으로 응답했다.

이에 따라 과도한 사교육비 부담을 덜고 자녀들의 조기 유학을 위해 세칭 '기러기 아빠(아내와 자녀들을 해외로 보낸 뒤 국내에서 번 돈을 보내주는 사람)'가 될 용의가 있느냐는 질문에 21.7퍼센트의 응답자가 '상황에 따라 판단하겠다', 18.9퍼센트가 '그렇다'고 대답했다. 10명 중 4명 이상이 기러기 아빠가 될 각오를 하고 있는 것이다. 포스코의 한 관계자는 "조기 유학 바람이 불면서 이미 적지 않은 동료들이 기러기 아빠 신세가 돼 있다"면서 "술자리에서도 흔하게 나오는 얘기"라고 말했다.

국내 경제가 최악의 상황을 벗어났다는 의견이 지배적인 가운데 대기업 간부들은 향후 경기를 낙관하는 이유로, 주요 기업들의 글로벌 경쟁력(45.2퍼센트), 각 경제 주체들의 분발(30.3퍼센트), 정부의 경기부양 의지(24.5퍼센트) 등의 순으로 대답했다.

"생활비에 쓰고 남은 월급은 저축하거나 주식투자하는 데 쓰지만 목돈이 생기면 부동산을 사는 데 활용하겠다."

이번 조사에서 파악된 대기업 중견 남자들의 여윳돈 투자방식이다. 직급에 따라 차이가 있지만 생활비, 보험료, 자녀 교육비, 대출 상환금 등을 공제하고 남은 월 평균 여윳돈은 대략 50만~200만 원 수준, 50만~100만 원이 42.2퍼센트로 가장 많았고, 100만~200만 원이 23.0퍼센트로 뒤를 이었다. 200만 원 이상도 13.3퍼센트에 달했다. 이들은 여윳돈을 주로 은행에 예금(42.6퍼센트)하거나 주식(32.0퍼센트) 투자하는데 쓴다고 답했다. 부동산 투자는 18.9퍼센트에 불과했다.

그리고 주식에 투자할 경우 간접투자(34.4퍼센트)보다는 직접투자(65.6퍼센트) 방식을 선호한다고 답변했다. 투자 규모는 3000만 원 이하 소액 투자(73.8퍼센트)가 대부분을 이뤘다. 하지만 "목돈 1억 원이 생기면 어디에 투자하겠냐?"고 물었더니 절반 이상(59.8퍼센트)이 "부동산을 사겠다"는 답을 내놓아 소액 위주의 여윳돈 운용 방식과는 차이를 보여 주었다.

부동산 경기의 침체에도 불구하고 많은 중견 간부가 "큰돈을 굴리는 데는 역시 수익성과 안전성을 겸비한 부동산이 제격"이라고 인식하고 있기 때문인 것으로 풀이된다. 실제 이들은 부동산에 투자하는 이유로 '시세차익'(43.8퍼센트)을 가장 많이 꼽았다.

삼성전자 L 부장은 "생활비와 자녀 교육비에 쏟아 붓고 남은 월급은 대부분 저축한다"며 "이렇게 수년간 저축한 돈과 연말 성과급 등을 합쳐 여윳돈이 3~4억 정도 되며 부동산을 사는 데 쓸 계획"이라고 말했다.

자기계발은 자신을 새롭게 만든다

"명예퇴직 후 처음에는 막막했지요. 그래서 영어 공부를 시작했고…. 하지만 이제는 어떤 일이 있어도 해낼 수 있을 것 같아요"

얼마 전 한국도시개발 이사(전 국민은행 지점장) K 씨가 피력했던 자신감이다. 그는 국민은행이 서울프라자호텔에서 퇴직 점포장 등 300여 명이 참석한 가운데 실시한 희망퇴직(명예퇴직) 환송식 행사에서 약 30분에 걸쳐 '제2의 인생 성공사례'를 주제로 강연했다.

K 이사는 정든 직장을 떠난 후 방황했던 시절을 회고하며 한식당

지배인으로 제2의 인생을 시작할 때 느낀 막막함 등 1998년 이후 7년 동안의 얘기를 진솔하게 풀어내면서 은행 후배들로부터 뜨거운 박수를 받았다.

K 이사가 명예퇴직한 시기는 IMF 외환위기 한파가 극심했던 1998년 1월 20일, 지점장으로 안정된 생활을 누리다 50세에 또 다른 인생에 성공해야 한다는 위기를 맞은 것이다. 명퇴 후 첫 선택은 영어 배우기, 신세 한탄만 하다가는 영영 인생의 낙오자가 된다는 생각에 자기계발 차원에서 매달렸다. 영어는 세계 언어니까 직업에 관계없이 배워야 한다는 믿음도 작용했다.

"오전 7~12시 강남 영어학원에 갔다가 오후 3시부터 1시간 반 동안 미군 장교 부인에게 개인교습을 받았지요. 저녁 6시 30분부터 3시간 동안 연세어학당에서 공부했습니다. 하루 내내 영어만 한 셈이지요. 낮에 왔다갔다하면 이웃 보기 창피하니 외출하려면 새벽에 나가 저녁 늦게 오라는 집사람 엄명(?)도 있었어요."

1998년 3월 말에는 〈매일경제신문〉에서 '서울대 경영대 증권·금융연구소'가 주최하는 명퇴 금융기관 임직원 단기금융과정 모집공고를 보고 당장 달려가 2개월간 교육과정을 우수한 성적으로 수료하기도 했다.

그리고 그는 1999년 8월에는 캐나다 캠룹스라는 소도시에 있는 UCC대학으로 혼자 연수(1년)를 떠났다. 부인은 "50대에 무슨 공부냐, 애들이 가야지 당신이 간다면 웃는다"며 말렸지만 본토 영어와 부딪혀 보고 싶다는 그의 의지를 꺾지 못했다. 그는 어학연수 수속도 부인 몰래 추진했다.

"1999년 12월 초순 집사람이 캐나다로 왔어요. 결혼 25주년 기념으로요. 집사람이 내가 영어로 잠꼬대 하는 걸 듣더니 투자 잘했다고 하더라고요. 캐나다에서 2500만 원가량 썼지만 전혀 아까운 줄 몰랐어요."

그런데 K 이사의 첫 직장은 영어와 거리가 멀었다. 2000년 10월에 강남에 있는 한정식 식당인 '한우리' 지배인으로 간 것이다. 추천은 이전에 같이 근무했던 L 지점장이 해줬다.

K 이사는 "지배인 제의를 받고 이틀 정도 고민했지요. 그러다가 마음 고쳐먹고 일하기로 했습니다. 6개월 정도 근무했더니 사장님이 본사 관리부장을 시켜줬어요. 그래서 2년 정도 일했지요. 지금도 한우리 출신 직원들 모임인 한우회 회장을 맡고 있으면 분기에 한번씩 모임을 갖고 있습니다."

그는 한우리 근무시절 영어 실력이 나날이 줄자 공부를 하겠다는 마음으로 사표를 제출해 집에서 한바탕 큰 소동이 벌어지기도 했다. 해프닝으로 끝난 다른 일도 있었다. 제주에서 지점장으로 근무하며 알게 되었던 당시 고장권 제주대 총장이 탐라대 총장으로 내정되면서 사무국장으로 그를 지명한 것이다. 하지만 설 전날 취임을 안 한다고 알려와 새로운 꿈을 접어야 했다. 그는 여기에 실망하지 않고 그해 2~8월 영어전문통역학교를 다녔다. 지금도 새벽에 1시간, 오후에 시간이 나면 2시간씩 영어에 매달리고 있다.

K 이사는 2003년 가을 후배의 소개로 현재 근무하고 있는 직장인 한국도시개발에 입사했다. 직급은 차장에 월급도 굉장히 적었다. 능력이 검증되지 않았다는 게 이유였다. 자존심이 상했지만 건설업에 다시 도전한다는 마음으로 근무했다. 그 후 평촌 오피스텔 프로젝트의 중도금 대출 250억 원을 승인 받는 등 능력을 인정받아 곧바로 부장도 거치지 않고 바로 이사가 됐다. 재경센터 이사로서 그의 업무는 시행사에서 사업계획서를 가지고 오면 검토한 후 은행에서 돈을 빌리고 이를 토대로 집을 지어 분양하는 것이었다.

K 이사는 "은행 경험을 살려 고객 입장에서 일을 하는 셈이지요. 올해 회사에서 외국에 진출할 계획이 있는데 그 동안 배운 실력을 발휘할 기회가 올지 모르겠습니다. 그렇게 되면 정말 꿈은 이뤄진다는 게 맞게 되는 겁니다"라며 웃었다.

그는 당시의 행사에서 명퇴하는 후배들에게 실천해야 할 항목 9가지를 꼽았다. 건강, 자기계발, 근황 알리기, 긍정적 사고, 눈높이 낮추기, 겸손, 외모 가꾸기, 깔끔한 정장 차림 등이 그것이었다.

"건강은 기본 중 기본이에요. 자기계발은 이득이 생길 수 있는 분야에서 해야 하고요. 명퇴자들은 자신을 숨기고 살아가기 일쑤인데

근황을 친구에게 알려야 좋은 기회가 왔을 때 연락이 옵니다. 외모 가꾸기도 기본이지요. 나는 지금도 머리 염색은 기본으로 하고, 일주일에 한 번씩 얼굴 마사지를 받지요."

K 이사는 자기 경험담을 듣고 후배들이 용기를 얻었으면 한다고 말했다. K 이사가 말하는 명퇴자의 9가지 생활수칙은 다음과 같다.

- 건강은 가장 먼저 챙겨야 한다.
- 자기계발을 하되 경제성이 있어야 한다.
- 친구들에게 항상 근황을 알려야 일자리 소개 등이 들어온다.
- 긍정적인 사고방식을 가져야 한다.
- 눈높이를 낮춰라.
- 나이 어린 상사에게 잘 대해야 한다.
- 젊은 직원과 화합하는 방법을 터득하라.
- 외모에 신경 써라. 피부관리와 머리 염색은 기본이다.
- 출근할 때처럼 옷은 항상 깔끔하게 입고 다녀라.

CEO의 안목을 키워라

한국 기업인들 역시 세계 어느 나라 기업인들과 다

를 바 없이 역량 있는 차세대 리더 육성방법에 대해 고민하고 있는 것으로 조사되고 있다. 이들에게 글로벌 톱 식품회사인 크래프트Kraft의 리더 교육방법론을 소개 한다.

당시 코카콜라에서 신입 최고경영자CEO를 심사할 때 외부 출신 최종 후보군에 오른 인물들은 한 가지 공통점을 가지고 있었다. 바로 크래프트에서 잔뼈가 굵은 전문경영인이라는 점이었다. 이외에도 질레트의 짐 킬츠, 마텔의 로버트 에커트, 허쉬의 리처드 레니 등이 모두 크래프트 출신이었다. 지난 20년 동안 크래프트가 수많은 업계 리더들을 배출했다는 좋은 사례이다. 크래프트 출신들은 시어즈 백화점, 퀘이커오츠 식품, 캠벨 수프, 영&루비캠, 막스&스팬서 등 유수 기업의 최고경영자 자리를 차지했다. 크래프트가 탁월한 리더들을 지속적으로 배출한 비결은 독특한 리더 육성 방식에 있었다.

대부분 기업은 직원 능력을 개발할 때 현업에서 분리해 별도 연수 프로그램으로 진행한다. 또한 간부들은 특정 주제에 대해 연수받을 때 정해진 프로그램을 통해 집중적인 사례학습을 한다. 그러나 정작 이런 연수 프로그램은 온실에서 키우는 화초를 만들어내기 쉽다. 이런 곳에서 교육받은 간부들은 비바람이 몰아치는 험한 현장에 내던져지면 고전하게 된다.

크래프트에는 온실 같은 리더 양성 프로그램이 없다. 업무를 수행하면서 직접 교육을 할 뿐이다. 교육 목적도 철저한 업무 성과 향상에 있다. 이 때문에 크래프트 젊은 간부들은 지속적으로 도전 과제를 부여받아 이를 해결하는 과정에서 다양한 외부 환경에 대응하는 비즈니스를 직접 체험하고 배우게 된다. 이를 위해 크래프트는 젊은 간부들에게 놀랄 만큼 많은 재량권과 책임을 위임한다. 이는 '수익을 중심으로 한 책임'이라는 원칙이 기본이다. 비용은 최대한 절감하고, 절감한 만큼 마케팅에 돈을 투자한다는 크래프트의 전략과 직결되어 있다. 특히 지속적 비용절감과 마케팅 활동이 동시에 추진되고 있다.

이 원칙은 젊은 간부들이 맡고 있는 책무와 호칭에서도 엿볼 수 있다. 소비재 업체의 간부 명칭은 '브랜드 매니저'로 불리는 것이 일반적이다. 그리고 주 업무도 세일즈 극대화를 위한 광고 캠페인에 집중한다. 반면 크래프트는 젊은 간부들을 '카테고리 비즈니스 디렉터'라는 호칭으로 부르고 있다. 이들은 비용까지 직접 관리한다. 따라서 이들은 어떻게 제품이 만들어지고 이 과정에서 자금의 흐름이 어떻게 이뤄지는지를 가장 먼저 배운다. 이를 위해 때로는 원재료를 재배하는 농장을 직접 방문하거나 공장으로도 달려간다. 이들이 사업 운영 원리를 포괄적으로 이해하고 나면 달성하기 쉽지 않은 매출과 수익 달성 목표를 부여받는다. 여기서 특징적인 것은 목표 달성에 필요한 최대한의 자유와 재량권을 부여받는다는 점이다. 관료조직은 최소화하고 개인 역량이 극대화되는 시스템이다.

크래프트 리더 양성에서 또 한 가지 특이한 점은 다양한 부서와 라인에서 경험을 쌓도록 한다는 점이다. 간부들의 근속 연한은 평균 20년이지만 현재 맡고 있는 일을 다룬 기간은 보통 2년 안팎밖에 되지 않는다.

물론 다른 기업에 무조건적으로 크래프트 방법론을 적용하자는 것은 아니다. 다만 크래프트 사례를 뒤집어 보편적 기업경영 원칙을 배우자는 것이다. 그것은 어떤 회사든 전략을 세우고 원칙을 확립했다면 거기에 부합하는 고유한 리더십 육성 방식을 개발해야 한다는 것이다. 무엇보다 젊은 간부들이 사업 전반을 이해하고 고려하는 CEO의 안목을 높여가면서 행동할 수 있도록 육성해야 한다는 점이다.

자기소개서를 차별화하라

"저는 1남 2녀의 장남으로 태어났습니다. 유복하지는 않지만 화목한 가정에서 자랐고, 항상 부모님 가르침대로 살기 위해 노력했습니다. 어릴 때부터 귀사의 제품을 애용했으며, ○○학교를 졸업하고 ○○대에서 ○○과를 전공했습니다. 학창시절엔 줄곧

개근상을 탔고, 반장·부반장을 역임했습니다. 성격은 활달한 편으로 대인관계도 원만합니다. 취미는 독서와 음악 감상이고, 신조는 '하면 된다'입니다. 부족한 점이 많지만 최선을 다하겠습니다."

기업 인사담당자들이 가장 지루하다고 느끼는 구절 20개를 이용해 만든 가상의 자기소개서다. 인사담당자들이 이런 글을 읽으면 지원자의 창의성이 부족하다고 여기거나 심지어 남의 자기소개서를 베낀 것 아니냐고 의심할 수도 있다.

이것은 엇비슷한 구절들이 입사지원서에 너무 자주 등장하기 때문이다. 물론 실제로 취미가 '독서'나 '음악 감상'인 사람도 많다. 이럴 때는 취미를 좀 더 구체적으로 표현하든지, 혹은 그런 취미가 자신의 경쟁력과 어떤 관련이 있는지 등을 밝히는 것이 채용담당자의 '하품'을 막을 수 있는 방법이다.

최근 취업전문업체 스카우트가 인사 담당자 192명을 대상을 설문 조사한 결과, 168명(87.5퍼센트)이 지난 한 해 동안 내용이 비슷한 입사지원서(자기소개서 포함)를 본 적이 있다고 답했다. 이들은 엇비슷한 지원서의 비율이 평균적으로 자기가 접한 지원서의 21.8퍼센트 정도라고 밝혔다. 이런 지원서는 서류전형 때 감점 대상(50.0퍼센트)이나 탈락 요인(11.9퍼센트)이 되는 것으로 조사됐다.

스카우트가 타인의 지원서를 베껴 쓰거나 참고한 적이 있는 구직자 1,033명을 대상으로 그 이유를 물어본 결과, '어떻게 써야 할지

막막해서'라고 답한 사람이 77.1퍼센트로 가장 많았다. 그 다음으로 '모범답안이란 생각이 들어서(7.7퍼센트)', '인터넷으로 쉽게 찾을 수 있어서(5.7퍼센트)', '새롭게 고민하는 것이 귀찮아서(5.2퍼센트)' 등도 이유가 됐다.

스카우트 김현섭 사장은 "학창 시절과 특기·성격·지원 동기 등의 전반적인 내용은 기업과 직무에 맞춰 연관이 있도록 쓰되, 누구나 흔히 쓰는 진부한 문구는 자제해야 한다"며 "졸업 학교·가족사항·출생지 등 이력서에도 나와 있는 내용을 굳이 자기소개서에 반복할 필요는 없다"고 강조하고 있다.

지혜를 모으는 회의를 하라

"회의는 기업을 움직이는 힘이다", "쓸데없이 긴 회의, 내용이 형편없는 회의, 지루한 회의는 기업의 암癌이다."

바바라 J. 스트라이벨의 『회의의 기술』이란 책에서 강조한 말이다. 좋은 회의는 회사를 살리고 나쁜 회의는 회사를 망친다는 뜻이다. 모든 회의에는 시간과 비용이 소요되는 만큼 기업의 입장에서는 일종의 투자이다. 이 때문에 외국계 기업들은 다양한 회의방식을 통해 직원들의 아이디어를 끌어내고 의견을 반영하기 위해 노력한다. 필요하면 회의 장소·호칭·격식을 파괴하는 경우도 많다.

외식업체인 아웃백스테이크하우스 본사에는 매달 5일 아침 풍성한 아침상이 준비된다. 이날은 회사의 월급날이자 조찬 회의가 있는 날이다. 2001년 말부터 시작한 조찬 회의에는 정인태 사장 등 본사 직원 모두가 돌아가며 아침식사를 직접 준비해 온다. 샌드위치·닭죽·잔치국수 등 다양한 메뉴가 직원들의 손에 의해 만들어진다. 아웃백스테이크하우스의 송수정 매니저는 "편안한 회의를 통해 다른 직원들과 친목도 도모하고 아이디어도 교환한다"고 말했다.

또한 스포츠화 업체 뉴발란스는 매주 수요일 오후 신제품 운동화를 신고 참여하는 '마라톤 회의'를 한다. 조용노 사장을 비롯한 전 직원들은 한강·남산 등에서 8킬로미터를 함께 뛴 뒤 제품 품평을 한다. 업무상의 아이디어나 애로사항도 자연스럽게 나오게 마련이다. 뉴발란스의 히트상품인 '1050'과 '834' 시리즈도 이런 회의에서 품질이 개선됐다고 한다. 황일찬 마케팅 과장은 "회의의 틀에 얽매이지 않아 젊은 직원들이 번쩍이는 아이디어가 곧장 신제품에 반영돼 좋다"고 말했다.

야후코리아에는 회의 시간이 30분을 넘으면 안 된다는 규칙이 있다. 회의가 길어지면 참가자들의 집중도가 떨어지기 때문이다. 짧은 시간에 회의를 마무리하기 위해 직원들은 관련 자료와 정보를 회의 전에 숙지하고 회의는 핵심만 짚어가는 방식으로 진행한다. 회의 장소인 사내 카페에 '푸스볼' 등 게임도구를 마련해 딱딱하기 쉬운 회의 분위기를 풀어준다.

또한 '프리 토킹'은 DHL코리아의 독특한 회의 제도이다. 사내 인트라넷을 통해 직원들은 누구든지 사원 복지·업무 애로사항·아이디어 등을 올릴 수 있다. 심사를 통해 좋은 의견을 낸 직원에게 상금을 주고, 누적 점수가 높은 직원에게는 해외연수 기회도 준다. 얼마 전에는 배달 직원의 효율적인 열쇠 보관방법, 콜센터 전화연결 개선방법, 배송차량 청결 유지법에 대한 의견이 올라왔다. 이 회사 마케팅팀 J씨는 "지난 해 올라온 '이라크 구호물자 무료운송' 제안은 본사에서도 큰 호응을 얻었다"며 "직원들이 서로 의견을 보완해 주는 등 협력 효과가 크다"고 말했다.

한국오라클의 회의 시간에는 '과장님' '부장님' 등의 존칭을 들을 수 없다. 이 회사 모든 직원은 별도 직급 없이 회사에서 서로 '씨'나 '선생님'으로 불리기 때문이다. "최선의 결과는 계급장 떼고 끝장 토론을 해야 나온다"는 것이 이 회사 윤문석 사장의 지론이다. 이 회사 관계자는 "토론 문화 덕분인지 직원들이 협력사 관계자를 만나도 설득력이 있다는 평을 듣는다"고 말했다.

회사는 인재의 기준을 어떻게 보는가

"될성부른 나무는 떡잎부터 알 수 있다."

SK그룹의 L 모 대리는 1년 동안의 미국 연수를 마치고 얼마 전 귀국했다. L 대리가 뉴욕주립대 로스쿨에서 법률을 공부하는 동안 현지 생활비와 학비는 회사가 모두 대주었다. 입사 6년차인 L 대리가 회사 돈으로 연수를 다녀온다는 것은 과거 같으면 상상하기 어려웠던 일이다.

최근 기업들이 '인재는 조기에 발굴해 키워야 한다'는 방침을 정하면서 유망한 젊은 사원들에 대한 집중적인 지원을 늘리고 있다.

얼마 전 금호그룹은 '패스트 트래커Fast Tracker'라는 인사 제도를 통해 젊은 우수 인력 양성을 추진하고 있다. 선발된 사원은 승진 대상이 되는 것은 물론, 소속 회사 CEO와 분기에 최소 1회씩 정기 면담을 갖는다. 또 회사가 소개하는 외부 전문가로부터 개인별 경력 관리를 위한 조언을 받는다. 금호는 얼마 전 취임한 박삼구 회장의 인재 중심 방침에 따라 최근 이 제도에 대한 강화 방안을 추가로 마련 중이다.

LG그룹도 장기적인 관점에서 인재를 조기 발굴하여 조직을 승계할 후계자로까지 육성한다는 방침 아래 '글로벌 EMBA' 과정을 운영하고 있다. 매년 대리 이상 직원들 중 30여명의 핵심 인재를 뽑아서 연세대에 5개월, 미국 워싱턴대에 11개월 등 총 16개월간 연수를 보낸다. LG전자의 경우 '테크노 MBA' 과정을 도입해 젊은 우수 사원들이 미국 MIT나 국내 KAIST 테크노 경영대학원에서 1~2년간 공부하도록 지원하고 있다.

삼성그룹 역시 매년 약 100명씩 선발하고 있는 '삼성 MBA' 제도를 통해 젊은 인재들의 조기 육성에 나서고 있다. 선발 기준은 근무 연수보다는 근무 평점이나 어학 능력이다. 여기에 발탁되면 본인이 원하는 해외 대학원이나 KAIST에서 2년 동안 유학할 수 있다. 삼성은 "교육을 마친 뒤에는 유학 전공에 따라 주요 부서에 배치 받을 기회가 생긴다"고 말하고 있다.

SK그룹은 젊은 핵심 인력을 위해 해외연수 기회와 함께 계열사별로 과감한 인사 발탁 제도를 운영하고 있다. SK텔레콤의 경우 올해부터 통산 16년이 걸리던 부장 승진을 7년 만에 가능토록 인사제도를 변경했다. SK그룹 이노종 전무는 "역량 있는 젊은 사원은 그에 맞는 대우를 통해 회사 기여도를 높이겠다는 의도"라고 말했다.

그런가 하면 두산그룹은 얼마 전부터 '사람의 성장Growth of People을 통해 사업의 성장Growth of Business을 추구한다'는 '2G' 전략을 수립하고 이를 구체화할 젊은 인재 육성 방안을 마련하고 있다. 두산은 기존의 핵심인재 육성 프로그램인 PMP · TMP · SMP ·

HMP에 대해서도 작년부터 선발 대상의 연령 구분을 없앴다. 두산 김진 상무는 "미래 지식 기반 사회에서는 인재를 최우선시하는 기업만이 수익을 낸다"며 "인재 육성에 소요되는 돈은 비용이 아닌 투자 개념"이라고 강조했다.

자기경영, 자기계발을 차별화하라

"새로 입사한 신입사원은 영어도 잘하고 일류 대학을 졸업한 소위 인재입니다. 선배라고는 하지만 솔직히 저는 무엇 하나 신입사원보다 낫다고 내세울 게 없는 것 같아요. 지시를 하고 일을 가르쳐 줘야 하는 입장인데도 후배 앞에서 자꾸 주눅이 듭니다."

이런 하소연을 해온 경력 사원이 있었다. 나는 그녀가 어떤 상황에서 어떻게 느끼고 있는지 이 말만으로도 충분히 공감할 수 있었다. 나는 그녀에게 이렇게 물어보았다. "좋은 선배는 후배보다 어떤 면에서 나아야 할까요?", "회사에서 당신에게 기대하고 있는 성과는 어떤 것입니까?"

나는 그녀가 이 질문들을 통해 자신을 후배와 비교하고 열등감을 갖거나 질투를 하기보다는 서로의 역할이 어떠해야 하는지, 자신이 그 후배에게 무엇을 줄 수 있는지를 생각해 보길 바랐다. 뛰어난 외국어 실력과 좋은 학벌을 가진 사람은 그 후배뿐만 아니라 주변에 매우 많이 존재하고 있다. 선배라고 해서 모든 면에서 후배보다 뛰어나야 하는 것은 아니다. 조직에서 요청되는 리더의 역할은 외국어 실력과는 차원이 다른 역량이며 그것은 또 매우 가치 있는 일이다. 새로 온 직원이 잘 적응하도록 돕고 지원하는 일, 사람들이 함께 협력해서 생산성을 올리도록 이끄는 일, 일을 정확하게 수행하는 역량 등등, 이런 것들은 외국어 실력이나 학벌보다 훨씬 더 큰 가치를 조직에 가져다주는 것인데도 눈에 띄게 뛰어난 후배가 등장하면서 갑자기 자신과 자신의 일에 대해 비교하는 마음이 생긴 것이다.

뛰어난 사람 앞에서 이유 없이 자기가 보잘것없고 작아지는 느낌을 받는 것은 흔한 일이다. 내 생각에 남자들은 여자에 비해 타인이 가진 좋은 것(재능, 행운, 부, 지위 등 무엇이든)에 대한 선망과 질시가 좀 적은 것 같아서 남자 선배에게 물어 봤더니 그는 강하게 아니라고 한다.

다른 뛰어난 사람 때문에 자신이 보잘 것 없어지고 괴로워지는 심정은 역설적으로 나르시시즘에 그 뿌리를 두고 있다고 한다. 사람들은 원래 나르시시스트적 성향을 타고난다. 나는 선하고 옳으며 정의롭다는 생각을 가지고 있어서 자신을 철저하게 객관화하지 못한다.

다른 사람들의 성공은 운이나 여건이 좋았기 때문이라고 치부하고, 성과가 나쁘면 그가 능력이 없는 탓이라고 쉽게 단정해 버리는 경향이 있다. 아마도 인간에게 있어 진정한 반성이 그렇게나 어려운 것은 이 심리적 규제 때문이 아닐까 생각한다.

문제는 이것을 인식하고 객관화할 수 있는 힘이다. 흔히 부하 직원이 적당히 뛰어나면 상사가 행복하지만 지나치게 뛰어나면 상사가 스트레스를 받는다고 한다. 중견 기업의 부장인 어떤 분은 가장 뛰어난 직원인 모 과장이 공공연하게 '내 다음 목표는 부장님의 자리'라고 말하면 물론 웃으며 받아 주지만 솔직히 기분은 좋지 않다고 말했다. 이럴 때 부하는 잠재적 경쟁자가 된다.

뛰어난 후배나 부하 직원을 둔 상사가 그들을 억누르거나 발목을 잡거나 남들 앞에서 그들을 평가절하 하는 것은 최악의 방법이다. 그렇게 할수록 상사는 평판이 나빠지고 무엇보다 마음이 불편해진다. 오히려 가장 좋은 방법은 그가 빨리 성장할 수 있도록 길을 열어 주고 안내해 주는 것이다. 그에게 더 큰 능력을 발휘할 수 있는 업무를 맡기고 더 다양한 경험을 하면서 커나갈 수 있도록 경력관리를 도와 준 훌륭한 상사라고 기억할 것이다. 만약 부하 직원을 시기심과 경쟁심으로 대한다면? 당신은 아마 현재의 상사 역할도 제대로 수행할 수 없고, 조직 전체에 부정적 이미지만 만들어 낼 것이다.

나르시시즘은 인간을 성장하지 못하게 하는 대표적인 감정이며,

인류는 인간만이 특별하고 위대하다는 나르시시즘을 깨며 성장해 왔다고 한다. 따라서 열등감 없이 상대방의 뛰어난 점을 인정할 수 있고 자신의 약점을 솔직히 대면할 수 있다면 아마 그 사람은 이미 삶을 살아가는 데 필요한 자기중심을 잡은 사람이라 볼 수 있다.

자기계발은 성공의 지름길이다

진정한 프로는 자신의 연봉을 자신이 직접 결정한다. 모든 일은 자신이 얼마만큼 노력하여 어느 정도의 실적 부가가치를 창조하였느냐에 달려있다는 의미이다. 그럼 어떻게 하면 자신의 몸값을 자신이 결정할 수 있게 될까? 그 방법에 대해 알아본다.

일단 일을 맡게 되면 그 일을 달성할 때까지 개인적인 일은 뒤로 미루도록 한다. 항상 고객으로부터 급여를 받고 있다는 마음가짐으로 일을 하고 있는지 자신을 체크해 보아야 한다.

회사에 입사해서 상사가 지시하는 대로만 움직인다면 진정한 프로가 될 수 없다. 그런 사람은 회사의 '꼭두각시'가 될 뿐이다. 대부분의 회사 조직은 시스템 면에서 피라미드 구조를 이루고 있다. 신입사원 때는 넓은 하부 계층에서 나름대로 제 자리를 찾아 어렵지 않게 정착하게 된다. 그러나 시간이 지날수록 밀치고 오르는 후배들에게 곧 자리를 비워주어야 한다. 따라서 한 단계 한 단계 올라갈 때마다 피라미드의 문턱은 자꾸 좁아진다. 그리고 급기야 피라미드 밖으로 튕겨나가는 사람이 생겨나고 어떻게든 살아남기 위한 몸부림을 치게 된다.

따라서 어느 조직이든 생존을 위해서는 우선 자신의 인적 부가가치를 끊임없이 높여 나가야 하며 조직에서 실적을 올려야 한다. 그리고 어느 날까지 처리하기로 작정한 일은 무슨 일이 있어도 그날까지는 완성할 수 있는 실력을 길러야 한다.

업무를 처리할 때 제일 먼저 고려해야할 사항은 어떤 일이 중요하고 덜 중요한지를 결정하는 것이다. 나의 경우를 예로 들어보면 맡은 일을 분석해 보고 시간이 가장 많이 걸릴 만한 일부터 착수하고 있다.

무능한 사람들에게서는 몇 가지 공통점을 발견할 수 있다. 먼저 집에서 끝내고 왔어야 할 잡일을 회사에서 마무리한다. 출근하면 화장실부터 들러 일을 보고 나서 감미로운 모닝커피와 함께 신문을 읽는다. 이러한 일련의 '아침 행사'를 치르고 나서야 겨우 업무에 들어간다. 이렇게 해서 20~30분을 낭비한다. 지금이라도 이런 타성에 젖은 업무 습관을 버리고 끊임없이 자신에게 투자해야 한다. 그리고 양질의 업무생산성을 창조하고 자신의 인적 부가가치를 올리는 것만이 살길이다.

자신이 맡은 업무분야에서 훌륭한 성과물을 만들어내기 위해서는 전체적인 밑그림을 그릴 수 있는 마인드가 있어야 한다. 일의 성격에 따라 처리방법이 달라지기 때문이다.

그리고 사원들이 직장조직의 피라미드에 밀려 올라오게 되면 30대 후반부터는 자기 책임 아래 부하 직원들을 거느리게 된다. 이때 상사의 역할은 효율적인 인력관리에 있다. 진행되는 업무에 맞춰 알맞게 인재들을 배치하여 생산성을 올려야 한다.

지금 자기 일에서 정말 중요한 일이 무엇인지 그 일의 적임자가 누구인지 또 그 사람이 해당 업무를 몇 퍼센트나 처리할 수 있는지 이 모든 것을 검토해야 한다. 따라서 이를 위해서는 일의 순서와 방법을 잘 조합하는 기술을 숙달해야 한다. 이것이 바로 지적 부가가치이다. 지적 부가가치를 부여하기 위한 업무처리 방법은 절대 허둥대거나 성급해서는 안 된다.

또한 부가가치의 창조는 자신의 성과에만 한정되어서는 안 된다. 동료들과 함께 공유되는 지적 자산이 가치 창조의 원천이 되기 때문이다. 항상 열린 마음과 열린 자세로 노력하는 길만이 프로사원이 되는 지름길이자 자신의 가치를 높이는 방법이 된다.

최근 경영 환경이 급변하면서 약육강식의 생존 전략이 빨라지고 있다. 특히 무역 시장의 개방과 금융 자율화의 여파로 국제 경쟁은 나날이 격화되고 있다. 따라서 어떤 기업을 막론하고 성장 분야에 초점을 맞춰 새로운 업종, 업태의 개발을 서두르고 있다.

지금의 한국 경제는 복합 불황으로 인해 기업들은 경영 전체를 재검토하면서 채산성 없는 부서나 공장은 과감히 폐쇄하고 있다. 그리고 이와 병행하여 인사 파괴, 조직 파괴를 통하여 인재 관리의 생산성을 달성하고자 심혈을 기울이고 있다.

시간 활용을 잘해야 자기계발에 성공한다

남자들의 인생에서 가장 중요한 두 가지를 꼽으라면 주로 배우자와 직업이라고 할 수 있다. 인생이 하나의 경주나 성취 그 이상의 것이나 단지 많은 돈을 벌거나 크게 출세하는 것만으로는 성공적인 인생이라고 말할 수 없다.

황금알 욕심에 거위를 잡겠는가? 거위가 어느 날 황금알을 낳는다. 처음에는 자기 눈을 의심하던 농부는 금세 부자가 된다. 부자가 된 농부는 예전보다 더 욕심이 많아지고 참을성이 없어졌다. 지금 당장, 한꺼번에 모든 황금알을 갖고 싶어 죽을 지경이 된 그는 거위의 배를 가르고 만다. 물론 그 안에는 아무것도 없었다. 이솝우화에 나

오는 어리석은 농부이야기다. 어린 시절의 나는 이렇게 어리석은 농부가 있을까 하고 의아해 했지만 지금 생각해 보면 정말 의미심장한 비유가 아닐 수 없다.

우리 역시 자기도 모르는 사이 황금알을 낳는 거위를 잡는 행동을 하고 있다. 즉, 오늘 내가 성과(황금알)를 거둔 것은 나 자신이라는 거위가 건강하기 때문이다. 만약 높은 성과만을 바라고 계속 혹사시키고 공부, 재충전과 휴식을 멀리한다면? 거위는 병들어 앓게 되고 더 이상 황금알을 낳지 못하게 된다.

직장도 마찬가지다. 단기적인 성과를 내는 데만 급급하여 연구개발을 미루는 조직, 직원 교육과 휴식을 등한시하고 매일 장시간 노동에 야근으로 몰아붙이는 직장이 있다면 장기적으로 그 회사는 어떻게 될까? 거위의 건강을 돌봐 주지 않고 황금알을 지금 당장 모두 가져야겠다는 농부의 욕심이 만들어 낸 결과는 거위의 죽음일 뿐이다.

'시간관리 매트릭스'라는 개념이 있다. 이 매트릭스는 모든 활동을 긴급함과 중요함이라는 2가지 기준을 가지고 4개의 등급으로 나눈다.

1등급은 긴급하고도 중요한 일, 2등급은 긴급하지 않지만 중요한 일, 3등급은 긴급하지만 중요하지 않은 일, 4등급은 긴급하지도 중요하지도 않은 일을 말한다.

1등급의 일은 물론 즉시 해야 한다. 4등급의 일을 최소화해야 하는 것은 상식이다. 문제는 3등급과 2등급이다. 3등급은 자신의 가치보다는 다른 사람들의 시선 때문에 거절하지 못해 하는 일이 대부분이다. 체면치레 경조사, 갑작스러운 방문객, 거절하지 못해 따라나선 술자리, 쇼핑 등이다. 이런 일들은 중요치 않지만 그때 긴급하기 때문에 마치 중요한 일을 하는듯한 착각을 불러일으킨다.

2등급의 일들은 중요하지만 긴급하지 않기 때문에 자꾸 미뤄지기 쉽다. 비전을 세우는 일, 학습, 독서, 가족과 함께하는 시간, 노후 설계, 건강관리, 모두 2등급의 일이다. 시간 관리의 열쇠는 바로 3등급의 일을 줄이고 2등급의 일을 함으로써 장기적인 생산성을 높이는 데 있다.

조직도 마찬가지다. 의례적인 회의, 형식적인 문서 작성, 불필요한 절차, 상사 눈치 보기 등 3등급의 일이 있는가 하면, 조직의 비전 공유, 직원 교육, 연구와 개발 등 2등급의 일이 있다. 그래서 개인이나 조직이나 '2등급 활동에 시간을 쓰라'고 권하고 싶다.

우리가 여러 역할을 수행하는 일의 효율은 어디에 달려 있는가? 자신의 몸과 마음의 활력, 그럼에도 불구하고 우리는 '너무 바빠서, 가봐야 하고 찾아봐야 할 것이 너무 많아서'라는 핑계를 대면서 여전히 우리 자신을 갈고닦는 데는 시간을 쓰지 않는다.